U0620243

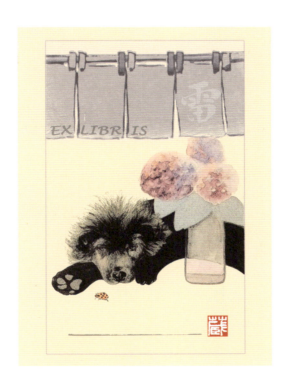

藏书票:《雷》
制作者:黄贺强

方寸艺术

日本藏书票之话

黄贺强 —— 著

浙江大学出版社
ZHEJIANG UNIVERSITY PRESS

图书在版编目（CIP）数据

方寸艺术：日本藏书票之话 / 黄贺强著. -- 杭州：
浙江大学出版社，2021.9
ISBN 978-7-308-21573-2

Ⅰ．①方… Ⅱ．①黄… Ⅲ．①书票－研究－日本
Ⅳ．①G262.2

中国版本图书馆CIP数据核字(2021)第136559号

方寸艺术：日本藏书票之话

黄贺强　著

责任编辑	张　婷	
责任校对	陈　欣	
封面设计	violet	
出版发行	浙江大学出版社	
	（杭州市天目山路148号　邮政编码　310007）	
	（网址：http://www.zjupress.com）	
排　　版	杭州林智广告有限公司	
印　　刷	杭州佳园彩色印刷有限公司	
开　　本	710mm×1000mm　1/16	
印　　张	15.25	
字　　数	211千	
版 印 次	2021年9月第1版　2021年9月第1次印刷	
书　　号	ISBN 978-7-308-21573-2	
定　　价	78.00元	

版权所有　翻印必究　　印装差错　负责调换

浙江大学出版社市场运营中心联系方式：0571-88925591；http://zjdxcbs.tmall.com

关于藏书票及其意义

[原文刊载于 1938 年《书物俱乐部》创刊号]

栋方志功

　　我从开始接受委托制作木版藏书票到现在，也有一段时间了。不同制作手法和形态的藏书票也见过不少，其中有一枚，由现居法国的画家长谷川洁创作的木版藏书票，让我感动不已。那枚藏书票贴在一本豪华诗集的扉页上，现在想起来，初见这枚藏书票的情景还历历在目，那真是一枚优秀的藏书票啊。需要首先说明的是，藏书票这类主要用制版印制的小贴票，因为需要在方寸之间尽可能地呈现其艺术价值，这就让创作变成了极其困难的事。

　　我认为，如果用一般对版画价值的认识及创作态度去制作藏书票的话，必然会带来创作上的不自由。但作为知道其美学价值的人，如果不去挑战，这种特殊形式的小版画就很难得到很好的发展。

　　藏书票，不仅是表明所有者对珍藏书籍所有权的一种标签，更是显示所有者与书籍之间感情的最直接的媒介。所以作为一种媒介，藏书票需要表达出爱书家对书籍的感情，这是藏书票制作的必要条件。

　　通过对藏书票的设计理念、色彩运用以及印制所用纸张的厚薄、光泽等要素的考察，很容易了解到藏书票制作者是如何考虑藏书票在爱书家和书籍之间的桥梁作用的。当然，如果不考虑藏书票制作者这样的良苦用心，不加选择地把藏书票贴在不同装帧形式的书籍上，也就很难判断这枚藏书票与这些书籍到底能不能契合。

不过，由爱书家自身的喜好以及制作者的艺术个性所产生的藏书票，本身具有表现力，所以藏书票应该具有与书籍无关的存在价值，可以不用什么理由就能发现其用途之外的艺术欣赏性，也就是其独特的艺术价值。

我对日本藏书印之外的木版藏书票历史并不太熟悉，那应该是从明治初年开始的吧。与这短暂的日本藏书票历史相比，我看过很多海外各国不同种类、多种形式、非常古老的藏书票。有着不同的来历，有的是数百年前的原票，有的是根据原票原样复刻的藏书票，也有的是根据那些原票做了部分修改后翻刻的藏书票。之所以会有这么多的藏书票，恐怕是因为爱书家对书籍的珍爱有着强烈的表达需求，这种需求又正在不断增加，而藏书票正是最合适的载体，所以才形成了这样的流行现象吧。

在用西洋木版即木口木版来制作欧美藏书票之后，我们看到了采用机械化制作的藏书票，即用凸版、石版等技法来制作的藏书票，最多可以印三色。木版以外的西洋藏书票，有很多是以翻版古老木版画为主的，以法国乡村彩色版画风格的人物为设计的源头，人物周围用花鸟或者文字来装饰，从而开创了新纪元。在那些文字里，不仅有如今藏书票上通常会有的票主姓名，还有表示藏书家爱书信念的短文。不管是采用人物图案还是动物图案，或是采用了装饰性的文体，都是为了让藏书票取得更好的效果，这些表现形式让我们看到了那个时代西方藏书票的意匠之极。

最早的木版藏书票虽然还残留了职业性的狭隘，但作为新时代的藏书票，毫无疑问地呈现出这个时代的特点，就是推崇藏书的意识，并用藏书票的形式把这种意识表现出来。现在，被大量制作和发表出来的藏书票，大抵是通过木版画家的手制作出来的。虽然这也是藏书票的性质使然，但还是需要向前跨一步，我期待着大家采用自由的形式，自由地使用石版画、凸版等多种技法，创作出比以前、比现在更有创意的藏书票。对我自己，我也作同样的期待，因为我痛切地感到，现在有必要用更自由的表现形式及创意，基于创作者的艺术良心上的新见解来矫正藏书票制作中的误区。

正如前面所说的那样，解剖藏书票的制作意图，有时大可不必去关注其用途以及体裁，根据用色的情况，就能分辨出制作者的优劣。

我见过很多用多种色版制作出来的藏书票，这些藏书票不仅淡化了人对书籍的情感，还让藏书票失去了其本身对书籍驾驭的效果。但是，用单色制作、能在书籍里堂堂正正地显示其魅力的优秀作品实在是太少了，这正说明了作品的表现形式是多么重要。

从纸质、颜色等相关因素方面也可以去理解藏书票制作者的创作意图，如果能意识到这枚小纸片带来的美术效果甚至可以影响到整个书架上的每一本书，那么对藏书票在书籍上是如何发挥重要作用的事就判然而知了。

前几天，在白黑社发行的《版艺术》藏书票专集上，看到了平塚运一先生亲手制作的木版藏书票《瓦乱洞》。让我最为吃惊的是，那些圆形的图案上充分地显现了作者对书籍沉静而深厚的感情。

作者是如何在大胆的构图中，用细腻的描写把自己的本能展现到藏书票上来的呢？又是如何得到用那种精彩的表现所带来的魅力四射的绚美世界的呢？这可以从一枚藏书票与珍爱书籍之间的联系中如实全面地看到。尽管没有看到这枚藏书票的原票，不清楚到底是用怎样的纸张印刷出来的，但依然可以感觉到这枚藏书票是一件成功的作品，是我近年来从没有看到过的一枚优秀作品。

用粗细相间的线条描绘出圆而粗的像标枪一样的瓦当，那种具有压倒性的木刻魅力在纸面上得到了充分的展开，线条恰到好处的紧张感让人想象在看不见的地方有一股股力量。在抖动中展现出来的放射线，不知是从中间的黑点出发的还是从粗细相间的线条上延伸出来的，像钢铁线那样，有着理性、刚强、韧性之美，让人感受到一种莫名的玄妙。而在这莫名的玄妙中，出现了"瓦乱洞藏书"这几个能驾驭整个画面的装饰文字，简直滴水不漏。虽然我与这枚藏书票的作者并没有很亲密的关系，但对作者的创意产生了深刻的共鸣。我非常感激，因为这枚藏书票也让我明白了美是可以做到极致的。不用说，这枚藏书票只用了黑色一种颜色，能够不借用色彩，把如此美妙的墨色和纸张的白色所形成的对比之美表现出来，真令人叹为观止。

我看了很多现代人制作的藏书票，但总觉得大都是没有脱离程式化的小版画之类的东西，所以感到非常寂寞。这些理应成为藏书票的版画，只是一些用了版画的末梢技术在木版上刻出的一些图案而已，正如前面已经指出的那样，缺乏作为藏书票与书籍融合在一起的责任感。对只迷信木版画的色彩，而没有承担制作藏书票应有责任感的人来说，是他们自己搞混了版画与藏书票。要识别藏书票在美学上的欣赏价值，从制作者的制作意识所显示的对美的不同的呼应和扩充中就可以轻易地判别。

爱书家珍惜他的藏书，所以会考虑应该贴怎样的藏书票，因而制作者就不能认为藏书票只是一种书籍中的部分装饰，而应该更多地考虑藏书票应有的深刻内涵。

现在，我们应该思考采用木版画形式的大部分藏书票今后将走向何方？因为制作的界限早晚会催生机械化制作，所以在这一过渡时期，我们必须对藏书票的制作态度以及制作需求做敏锐的探索，需要将这两者之间的关系做深刻的探索，这是毋庸置疑的。

我们应该以怎样的方式引领在自由制作意义上的木版藏书票发展？我们不知道这一过渡期有多长，但走在这条道路上的我们，应该以当事者的态度来开拓我们的视野。用敏感的眼睛盯着这样的变化是非常重要的事。

艺术中的游戏心态

　　藏书票是连接书籍和爱书人的纽带，是以版画艺术的形式表达爱书人对书籍的一份情感。藏书票诞生于书籍珍贵、藏书不易的年代，本身就具有收藏价值，在百年前就被作为艺术品受到关注，可以说也是一种文化的传承体现。对长期关注和探究这些问题的笔者来说，邂逅藏书票，仿佛是一种命运的安排。

　　笔者曾在出版社工作，长期追求"美书"的路上寻觅。当笔者看到日本在20世纪30年代就有人提出用创作版画的藏书票来美化和增值书籍时，不禁为之动容。当触摸到一枚枚绚丽多彩的藏书票实物时，更是被日本藏书票本身所展现的和式之美深深吸引。

　　这方寸之间是爱书人的心灵归属地，也是版画艺术家各显神通的舞台。欣赏日本藏书票，如同是在纸上进行了一次日本旅行。每遇到一枚藏书票，就仿佛在旅途中遇到两位朋友，一位是藏书票制作者，一位是爱书的朋友即票主。通过他们的视角看日本的生活与文化，透过藏书票的制作技法和书籍装帧看日本爱书家的生活态度，不仅可以看到日本社会的一个层面，也使笔者得到醇厚的美的享受。

藏书票是票主和版画家一起创作的艺术结晶，藏书票制作者们对此更有体会。日本著名版画家栋方志功在《关于木版藏书票》一文中明确地提出：藏书票本体必须具有艺术价值，但这还不够，还需要与书籍浑然一体，从整体上起到提高书籍艺术价值的作用。为此，制作者必须尽心尽力，在纸张的材质、色彩的浓淡等方面都要仔细斟酌，大胆细心地进行制作。栋方志功不仅对别人这样提议，对自己更是严格要求。可以说，藏书票虽然只有方寸的大小，但日本的艺术家们都是以严肃认真的创作态度来制作的。

日本藏书票之所以具有独特的风格，是因为日本制作者们不仅认真细致地进行创作，还时常抱着"游戏心态"去创作。这种游戏心态在日语中称为"游心"，从字面上来看，很容易把这种心态看作是负面性的东西。因为在日语中，这种游戏心态往往被解释为是一种可有可无的，多少带有点恶作剧的表现。然而日本的艺术家对这样的游戏心态却十分看重。多数日本人比较严肃，喜欢在程式化的生活中恪守规矩而不会越雷池半步，但是在艺术创作中往往喜欢"越雷池半步"，追求"出其不意"的效果。比如日本铜版画家浜西胜则在为票主黄亚南制作藏书票时，把图案中的龙头画到了锷的外面。锷是刀剑重要配件，在现实生活中，锷上的图案是不可能伸展到外面去的，但艺术家却可以在创作中来"突破"，把现实中不可能的画面故意画出来，这就是艺术家的游戏心态，即"游心"。"游心"是根植于日本文化中的，从平安时代的大和绘和江户时期流行的大津绘[1]中就能窥知一二，而这样的"游心"使得日本藏书票更加妙趣横生。

在日本藏书票中，很多看似信手拈来的创作手笔往往是版画家严肃思考之后、独具匠心的表现。如果能够体会日本藏书票作者创作中的游戏心态，或许可以帮助我们更好地去欣赏日本的藏书票和日本的艺术。

1　贺滋县大津市从江户初期开始盛行的民俗画，作为当地的特产受到欢迎。

目录

第一章　日本藏书票概述

第三章　日本藏书票的收藏

参考书目

后记

第一章

日本藏书票概述

1. 什么是藏书票

藏书票的定义

逛旧书店翻看旧书时，有时会幸运地看到书里贴有藏书票。什么是藏书票？简单来说，藏书票是爱书人士贴在书里表明书籍归属的一种标签，类似中国藏书家在书籍上盖的藏书印。一枚藏书票有三个要素，首先要标有拉丁语 Exlibris 或英文 Bookplate，或者汉字"藏""爱书"等字样，其次需要有票主即藏书票所有者的姓名或者记号，最后是设计图案。具备了这些要素，就是一枚大家都认可的藏书票了。在书里贴上藏书票，实际上也是票主对书籍归属于自己的一种宣告。

藏书票通常是用版画来制作的，因为这样就可以复制一定数量。而正是因为用版画来制作，所以，藏书票从一开始就具有了艺术的气息。藏书票的使用虽然没有严格的规定，但却有使用习惯，一般是把藏书票贴在书籍封二或者封三的左、右上角或中央。日本爱书家小岛乌水曾经这样形容过藏书票：如果把书籍比喻为一间房间的话，那么封二封三就等于这间房间的四面墙壁。人们会在墙壁上贴墙纸，而藏书票就相当于是装在镜框里的字画了。字画上会有画家书法家的署名，但藏书票上突出的则是票主的姓名或者记号。如果说字画是一间房间的灵魂，那么藏书票就应该是在书籍装帧上的点睛之处。

　　只要藏书家喜欢，藏书票的大小尺寸是可以多样化的，有些如同邮票大小，也有些尺寸稍大，已不适合贴在书里，更适合当作"小版画"挂起来欣赏。东京有家画廊就曾经把竹久梦二为《妇人俱乐部》杂志[1]创作的一幅插画（图1-1-1）当作版画藏书票来出售。在20世纪20年代前后，日本出版物中的插画不少已经从木版画转变成机器印刷，但是考虑到读者对木版画的喜爱，出版社就专门研制了一种特殊的机器和油墨，用来印制一些具有手工拓印的木版画效果的插图和封面。所以，日本不少竹久梦二的粉丝也会把这种具有木版画效果的插画从杂志里裁切出来，用镜框装裱起来欣赏。不过这幅插画虽然有木版画的效果，但并没有藏书票特有的要素，既没有票主名，也没有藏书票Exlibris的标记，所以不能称之为藏书票。

　　为什么一定要具备票主名、Exlibris标记等特有要素才能称其为藏书票呢？这当然是和藏书票的功能有关系。藏书票原本是贴在书里证明书籍归属的标记，如果没有票主名，自然就无法证明书是谁的，也就失去了其应

图1-1-1
作者：竹久梦二
（10.5cm × 10.8cm 机印）

1　1920年由大日本雄辩会讲谈社创刊的杂志。为战前和战后的四大女性杂志。1988年停刊。

有的效用。而藏书票与小版画之间最本质的不同是：一枚藏书票是藏书票制作者和票主经过交流之后所创作的版画作品，可以说是票主和藏书票制作者共同制作的结晶。

　　只要具备这三个要素，无论是版画家还是版画爱好者都可以制作藏书票。在 1930 年美国藏书票收藏家和设计师协会发行的该协会《年鉴》（*Year Book 1930 of the American society of book plate collectors and designers*）封二上，笔者发现了一枚采用木版技法制作的褐色藏书票（图 1-1-2），相信藏书票爱好者一定能一眼看出，在这枚尺寸为 7.6cm×4.3cm 的藏书票上，图案的中心复刻了世界最早的"天使藏书票"（图 1-1-3）。同时，制作者还在藏书票上添加了自己的家纹和"不许出门""小塚省治珍制"几个字，这说明票主是小塚省治。小塚在 1933 年组建了日本藏书票协会并担任会长，虽然他不是专业的版画家，但"珍制"两字说明了这枚藏书票的制作者就是小塚本人。这枚原票实物贴在发行量只有 240 本的美国藏书票收藏家和设计师协会《年鉴》里，显得弥足珍贵。

图 1-1-2

票主、制作者：小塚省治

（木版 7.6cm×4.3cm）

图 1-1-3　德国勃兰登堡家族"天使藏书票"

小塚复刻的那枚"天使藏书票"的原票尺寸约为 5 厘米，是 15 世纪中期德国勃兰登堡家族所用的藏书票，和"刺猬藏书票"一起并称为现存世界最古老的藏书票。虽然这枚藏书票上没有 Exlibris 或 Bookplate 的字样，但后人在设计草稿中找到一段拉丁文，从而考证出原来这是藏书人准备将一批书送给某修道院时而特别印制的藏书票。这说明在藏书票诞生之初，还是书籍稀缺的年代，非常需要用这样的小纸片来宣告书籍归谁所有。

小塚把这枚复刻有"天使藏书票"图案的藏书票贴在他收集的有关欧美藏书票的资料中，同时将印有龙纹样和印章图案的藏书票贴在其收藏的有关日本藏书票的资料集中。可以看出，小塚是有意选用不同的藏书票贴在西方与日本的相关资料里的，这也充分说明了藏书票还有分门别类的功能，为藏书家整理收藏书籍提供了方便。

日本书票协会创始人志茂太郎在 1970 年的《银花》杂志第一期里写道，藏书票是爱书家为自己的书籍特意设计的，是爱书家爱书求知的情感表达。诞生于书籍稀缺的年代，藏书票就仿佛是给书上了锁，系上了贞操带（参见图 1-1-4[1]），明确表达了书籍所有者对书籍的挚爱和排他心。时过境迁，爱书家在各类书籍中贴入为他们量身定做的藏书票，除了明示书籍的归属之外，还有着对书籍装帧之美的执着与追求。如今，一枚小小的藏书票已俨然成为文化交流的使者，将

图 1-1-4　贞操带藏书票

1　图 1-1-4 出自 1970 年 Gala Verlag Hamburg 出版的 Eberhard und Phyllis Kronhausen 编辑的 *Erotische Exlibris*。

世界爱书人、藏书人、艺术家联结起来。

在日本，通常将 Exlibris 称为藏书票，但志茂却将其改称为书票。减少了一个"藏"字，似乎是有意减少藏书票"门外不出、秘不示人"的要素，而想扩大其交流的作用，使其更具有现代气息。经过志茂等人的努力，日本权威辞典《广辞苑》（1969 年第 2 版）收入了"书票"词条，让书票这个名词登堂入室。不过，藏书票这个称呼在日本依然通行。

纸上宝石——从私人标签到收藏鉴赏作品

"天使藏书票"上没有 Exlibris 或 Bookplate 的标记，并不能说那不是一枚藏书票，因为在 15 世纪中叶藏书票诞生之初，庶事草创，格式尚未定型，初衷只是想证明藏书的所有权而已。在当时的欧洲，只有贵族或修道院才有经济实力收藏书籍，很多平民还都不识字，更不用说收藏书籍了。因而在那个年代，藏书票也被称为"贵族的身份证"。欧洲的贵族往往是艺术家们的赞助者，所以他们也请艺术家参与制作藏书票，丢勒等西方著名画家都留下了不少藏书票作品。这些采用铜版、木版、石版等版画技法制作的藏书票美轮美奂，不仅显示出爱书家的趣味，也显示了制作者的艺术造诣，都具有较高的艺术欣赏价值。所以，藏书票被誉为"纸上宝石"是不为过的。

随着各国艺术家的参与，藏书票的主题已不再局限于象征贵族身份的纹章、肖像等图案的范围，藏书票制作者可以放开手脚，选取多种多样的主题，制作技法也开始多样化，到 19 世纪末 20 世纪初，藏书票已得到了蓬勃的发展。英国《工作室》杂志在 1898 年出版的冬季专刊中介绍了一批来自法国、美国、德国、奥地利、比利时等国家的艺术家制作的藏书票作品，充分地显示了藏书票作为一种新的艺术形式已在欧美流行起来了。

事实上，当初作为明示书籍所有权的藏书票，之所以能够在 19 世纪末的西方社会得以广泛传播，主要原因还是大家开始认识到藏书票也是一种可以欣赏和收藏的艺术品。同时，对藏书家们而言，藏书票也成了既能够美化书籍又能提升书籍价值的绝好道具。

奥地利颓废主义代表人物弗朗茨·冯·拜劳斯制作的藏书票（图1-1-5）更是不拘泥于书籍的大小尺寸，完全可以作为欣赏的小版画来收藏。如果说拜劳斯的藏书票作品与版画有所区别的话，那就是画面中多了Exlibris这个词。他制作的藏书票画面尺寸一般不小于10cm×15cm，而所用纸张的尺寸就更大，已经不合适贴在一般的书籍里，但作为小版画作品挂起来欣赏却十分合适。或许正是因为收藏者把拜劳斯的藏书票当小版画作品来收藏，其古典唯美的作品才被大量地保存下来了。

20世纪40年代，欧洲各国开始组织藏书票研究会、藏书票协会，藏书票在欧洲得到了进一步普及。长期生活在日本的英国人克里夫·帕菲特把这一时期称为"西方藏书票的黄金期"。

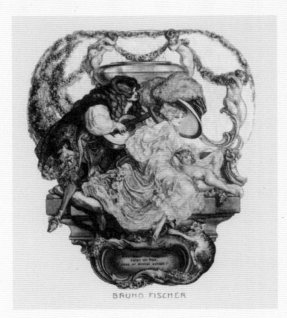

图1-1-5　冯·拜劳斯的藏书票
（铜版 15.85cm×11.6cm）

从 20 世纪 70 年代开始，日本藏书票的制作在量和质的方面也发生了巨大的变化，出现了类似邮票收集、鉴赏的新态势，还出现了专门的藏书票研究所。但不少日本爱书家认为藏书票应该用于书籍，对藏书票转变为版画收藏持保留意见。为此，志茂太郎在《爱书通讯》上曾撰文："如果说在书籍中贴上藏书票，是为了表达对书籍的尊敬和挚爱之情，那么把藏书票拿来当作小版画欣赏与收藏，也是因为藏书票集书香与情趣为一体，给大家带来了愉悦，提高了情操，那也是未尝不可的。"在志茂的引导下，日本的藏书票交换活动活跃起来。

藏书票，作为书籍的所有权标签，从现存最古老的藏书票算起已经走过了五百多个春秋。如今，作为一种艺术品，藏书票已成为全世界爱书家、藏书家的钟情之物。除了可以鉴赏、收藏之外，藏书票还可以用来相互交换，结交新知、增进友谊。对藏书票的爱好者来说，每一枚藏书票都蕴藏着一段故事。笔者在收集古今中外藏书票的过程中，时常会挖掘出围绕在藏书票制作者、票主和藏书票主题这三者之间的往事、掌故，如同在推理小说中解开一个个谜团似的让人惊喜不已，这也让笔者对藏书票的喜爱日益加深。

邂逅书本里的藏书票

邂逅书籍里的藏书票之所以令人津津乐道，是因为除了书籍之外，你仿佛和这本书的前主人有了一次别样的相遇，通过藏书票，开启了一次有意义的交流。在这些年淘旧书的过程里，笔者也邂逅了几本贴有名家藏书票的旧书。

城市郎旧藏的法国翻译小说《奥迪特和马汀》是笔者在网上购入的，封二有城市郎的藏书票（图 1-1-6）。此书是 1928 年出版的，没有外函，品相不是太好，标价只有 300 日元。关于这本书，笔者在网上也没有查到相关资料，店主对藏书票制作者也没有介绍。城市郎是现代日本卓有贡献的禁书研究家，也许是日本现在很少有禁书的说法，大家对这个领域的研究者也不算熟悉，所以仅凭是城市郎的旧藏，这本品相马马虎虎的翻译小说也就无人问津了。在网上挂了好几天，笔者遇到就毫不犹豫地买了下来。

日本作家纪田顺一郎曾经感叹，现在的日本各类图书馆已经"书满为患"而不愿意接受藏书家的图书捐赠。但在 2011 年，明治大学却接受了城市郎7000 多本图书的捐赠，并在 2012 年城市郎 90 岁时，明治大学中央图书馆作了一次"城市郎文库展——出版检阅和发禁本"[1] 展，可见他藏书的价值。这本翻译小说上贴的是池田满寿夫制作的一枚藏书票，图案也是池田代表性的抽象画。这是池田成名之前制作的 12 种藏书票中的一种。成名之后，池田几乎就不再为他人制作藏书票了。所以，这本书大概是城市郎早期的

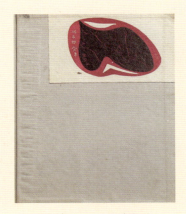 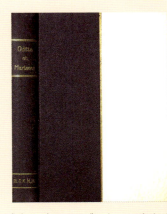

a 贴在封二上的藏书票　　　b 《奥迪特和马汀》（1928 年）封面

图 1-1-6
票主：城市郎
制作者：池田满寿夫
（铜版 5cm×6.5cm）

1　二战前，日本军警根据当时的出版法和报纸法对出版物进行检阅，对一些出版物做了禁止发行和扣押的处理。城市郎通过收集被禁止发行的出版物，对这段时期的出版管理作了大量的调查和研究。2012 年 6 月 5 日到 7 月 22 日，明治大学用城市郎捐赠的 7000 余册图书的部分实物，组织了这次对战前出版管理的展示。

收集品，而这枚藏书票更是让这本翻译小说蓬荜生辉，没有不购买的理由。

斋藤昌三是日本藏书票界的翘楚，为了在日本普及藏书票，他花费了很多心思，除了组织藏书票的各种活动、出版相关书籍，还经常在自己出版的书籍中贴上他的藏书票，一起发行。比如《书淫行状记》《随笔69》等都贴上了他的木版藏书票，而在《闲版书国巡礼记》的封二和封三上，还印了几枚他自己的藏书票，这些书目前在旧书店仍可以买到。而笔者手里的《江户三大绮文集》虽然也是斋藤编著的，但里面的藏书票（图1-1-7）却不是发售时附送的，而是作为作者收藏本，在发行后斋藤再贴上的。《江户三大绮文集》是江户时期日本国学家编写的情色小说，明治维新以后，一直在地下流通。1952年，由也是禁书研究家的斋藤校对整理后，由美和书院正式出版。现在这本书已被日本国会图书馆编入了数码收藏品中，显示了其历史价值。更难能可贵的是，在这本书中，斋藤对当时有些用词

a《江户三大绮文集》（1952年）封面　　　　b 贴在封二上的藏书票

图 1-1-7

票主：斋藤昌三

制作者：不详

（木版 11.2cm×5.2cm）

不能出版，只能用空格代替的部分做了补充和修订，使得这本书更加精彩。斋藤在这套限量 1500 本、编号为 1 的书里贴上了他的木版藏书票。这枚藏书票的主角是一个丰满妖娆的裸女，与本书的内容十分相配，书票右边红底白字题写了"相州少雨荘藏书"字样。虽然这枚藏书票在 1956 年青灯社出版的藏书票集里出现过，但没有标明制作者是谁。根据一些资料推测，这大概是斋藤晚年定制的一枚藏书票。

当然，藏书票的使用也不尽是以前藏书家专属的雅事，在日本最近出版的书里也会看到有人使用藏书票。笔者在寻找宇野亚喜良插绘本的时候，偶然买到了一本由女作家江国香织和宇野亚喜良合作的绘本《明亮的箱子》。让笔者更为喜悦的是，里面有两位作者的联合签名、宇野亚亲笔勾勒的一只猫，以及这本书原来持有人的名字，可能是在参加某个活动时，两位作者直接给这本书的持有人签名的。实际上，这本书在 1992 年出版后很受欢迎，2002 年补充了一些内容后，出版了重新装帧的增补版。笔者手里的这本初版本，除了有两位作者的签名外，还贴有一枚用日本特有的版画技法——型染制作的藏书票（图 1-1-8），上面有一个 K 字。由于江国香织的姓名罗马字缩写为 K.E，而这本书的原持有者的姓名罗马字第一个字母也是 K，所以这枚藏书票的票主应该是这两者中的一人。无论是谁的藏书票，对笔者来说，能在现代图书中看到在实际使用的藏书票，也是一件喜事。

邂逅一本贴有藏书票的旧书时，会产生一种莫名的幸福感，如同遇到一位暗恋已久的人。在《东京塔》中江国香织写道："在性格和外貌的前面，人和人大概是通过空气相互吸引的。"作家、藏书票制作者、藏书票票主和收藏者大都是不曾见面的朋友，能在书店里偶遇，很难说不是被书籍、藏书票、作家签名等这些书籍以及书籍散发出的气息所吸引。对藏书票爱好者来说，每一枚书票的相遇都是一种缘分。江国说，等待心爱的人是无限幸福的，但也是一件无限痛苦的事。错失一枚藏书票，或者寻觅到一枚心仪已久的藏书票，这其中的各种甘甜酸楚，不正是这枚型染藏书票中的葡萄和蜡烛图案所绘的意境吗？

 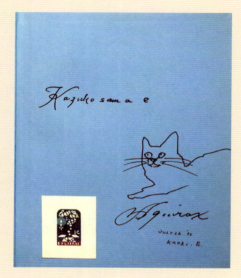

a《明亮的箱子》（1992年）封面　　　b 贴在扉页上的可能是江国香织的藏书票

图 1-1-8
（型染3.5cm×3cm）

　　有藏书票收藏家曾经说过，最让人心动的事，莫过于看到那些贴在书籍里实际使用着的藏书票。实际上，收藏本是一件很私人化的事情，无须循规蹈矩，从自己的兴趣出发才是最重要的。这的确不是什么说教，只要你邂逅了这样的贴在书籍里的藏书票，自然就会产生这样的感觉。

2. 日本藏书票发展历程

根据斋藤昌三在《日本的古藏票》（1946 年）中的记载，日本早在 15 世纪中期就出现了藏书票，但藏书票作为西方文明的产物首次被正式介绍到日本还是在 1900 年 10 月，文艺杂志《明星》第 7 期上刊登的那 4 枚藏书票。这 4 枚藏书票的作者是当时正在日本学习浮世绘技法的奥地利版画家埃米尔·奥利克。

明治时代，夏目漱石、北原白秋、川路柳虹、小岛乌水等著名文人开风气之先，引领了日本藏书票的使用，后又在斋藤昌三、小塚省治、志茂太郎等人的组织和推广中流传和壮大起来。伴随着日本印刷业和出版业的迅速发展，爱书家、藏书家、书志学家、趣味收藏家的迅速云集，日本藏书票以其独特的生态系统成为日本"书物文化"发展中的重要组成部分。

20 世纪 50 年代，以恩地孝四郎和志茂太郎为中心，先后有斋藤清、关野准一郎、山口源、驹井哲郎、前川千帆、芹泽銈介、武井武雄、栋方志功、畦地梅太郎等百余位日本版画家参与了藏书票制作，创作了独具日本风格的藏书票。

20 世纪 60 年代后，日本经济进入高速增长阶段，受日本版画在国际上屡屡获奖的影响，版画在日本国内的市场地位也节节攀高，正逢其中的藏书票也被催化了的日本版画市场带动起来，得到了进一步的普及。20 世纪 80 年代，日本书票协会的会员人数超过了 1700 名，成为世界藏书票协会会员人数最多的一个团体。

日本书票协会 1957 年成立时写下的旨趣：作为文化大国之一的日本，我们相信未来日本藏书票一定会受到国际上的关注。的确，如今在世界藏书票中独树一帜的日本藏书票已经完美地实现了这个目标。

日本藏书票前史

图 1-2-1　光明皇后的"积善藤家"之印

如果说藏书票是书籍归属的一种凭证的话，那么日本很早就出现藏书票了。比利时藏书票制作者兼研究家马克·塞维林（Mark Severin）在 1949 年出版的 *Making a Bookplate* 中指出，在千年之前的公元 900 年，日本就出现了藏书票。不过，这种说法应该是指藏书印。日本的书籍文化深受中国的影响，中国从商代开始使用印章，也很早就使用藏书印。这种风气也随着中国文化流传到了日本，于是就产生了很多流传于世的日本藏书印。日本现存最早的藏书印是 8 世纪光明皇后在书信范文集《杜家立成》上盖的"积善藤家"之印（图 1-2-1）。藏书印直接盖在书籍上，与通常贴在书籍里的藏书票有着明显的区别，也就是说藏书印和藏书票并不是相同的东西。

以贴在书籍上这一角度来看，斋藤昌三在《日本的古藏票》中考证出：1470 年，在醍醐寺光台院的藏书中出现的那枚藏书票，应该是日本最早的藏书票（图 1-2-2）。这是一枚只有文字没有图案的藏书票，尺寸为 11.5cm×5.7cm，贴在藏书的封面上。从文字内容来看，是警告窃取此书的人应当快速归还给醍醐寺光台院。在古代日本，书籍是很宝贵的物品，孔乙己所谓的"窃书不算偷"是绝对说不过去的。

由于藏书印上字数有限，虽然申明了图书的所有权但很难再去规劝他人不要偷盗书籍，所以寺庙不得不另外刻印警告文字贴在书籍的封面上。有趣的是，这枚藏书票几乎与奥地利和德国的藏书票同时出现，而其功能也基本相同，似乎也是一种历史的必然。

不过，日本古代藏书票的发展和欧洲走的道路并不一样。欧洲藏书票以图案为主，而日本则是以文字为主。比如在江户时代初期，九州熊本泰胜寺的藏书《剪灯余话》（1648 年出版）上贴的就是"泰胜藏本"字样的藏书票（图 1-2-3）。江户时代中期，地处江户郊外的将军家庙增上寺也

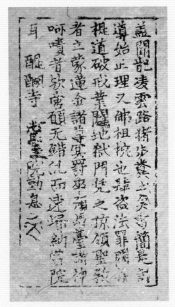

图 1-2-2　日本最早的藏书票
票主：醍醐寺光台院
制作者：不详
（木版 11.5cm × 5.7cm 1470
年左右）《日本之古书票》（1946
年）所收

图 1-2-3
票主：泰胜寺
制作者：不详
（木版 22cm × 5.5cm）

图 1-2-4
票主：增上寺的三缘山
慧照院
制作者：不详
（木版 9cm×6cm 1700—1867 年）

图 1-2-5
票主：江户时代后期的
国学者 伴信友
制作者：不详

刻印了很多藏书票贴在该寺庙所藏的书籍上。当时日本幕府希望借助宗教的力量来维持他们的统治，所以就给埋葬历代幕府将军的增上寺很多特权，让他们衣食无忧，并鼓励他们钻研佛学。在增上寺香火最盛的时候，这座寺庙拥有 13 个子院和 120 个学寮，从日本全国各地赶来学习的学生多达 3000 名。人多手杂，为了防止书籍丢失，贴一张起警示作用的藏书票也就显得很有必要了（图 1-2-4）。

最早使用的私人藏书票的是江户时代后期的著名学者本居大平（1756—1833 年）。原本是城镇居民出生的本居大平 13 岁时成为本居宣长的门人，后来又成为他的养子继承了本居家的家督（即家长），成为铃屋学派的中心人物。江户时代铃屋学派势力很大，本居大平拥有 1000 多名弟子，为管理书物之便，也就有了使用藏书票的需要。本居大平的藏书票也是一枚只有文字的藏书票，不过到他的弟子伴信友（1773—1846 年）的时候，就加上了家纹，日本藏书票开始出现了图案（图 1-2-5）。不过，在江户时代使用藏书票还是极其个别的现象，一般人主要还是使用藏书印，对藏书票也没有什么认识。

19 世纪的后半期，日本迎来了明治维新的社会变革，这样的社会变革也给藏书票在日本的发展带来了契机。

日本藏书票的黎明期

一般来说，1900 年文艺杂志《明星》第 7 号上介绍的奥地利版画家艾米尔·奥尔利克（Emil Orlik）制作的 4 枚藏书票是近现代日本出现最早的藏书票（图 1-2-6）。《明星》杂志在当时具有非凡的社会影响力，是日本知识分子、文艺青年争相阅读的一份杂志。杂志不仅刊登了藏书票图例，还对藏书票的使用进行了说明，这次介绍引起了当时社会的关注。一些年轻的艺术家们开始参考杂志中的说明制作藏书票，文人墨客以及"有闲阶级"也开始尝试着向他们定制藏书票。

但据工学博士樋田直人的考证，日本藏书票应该出现得更早，不过那枚藏书票也是外国人带来的。英国外交官萨道义（Ernest Satow）在 1880 年出版的英国旅行家伊莎贝拉·伯德的《日本旅行记》（*Unbeaten Tracks in Japan*）里贴了一枚他的铜版藏书票（图 1-2-7）。这枚藏书票上有三行

图 1-2-6
票主、制作者：Emil Orlik
（8.5cm×7cm《明星》1900 年 10 月刊登）

图 1-2-7
票主：Ernest Satow
制作者：不详
（铜版 6.5cm×6.5cm）

文字，从上往下分别是 Ernest Mason Satow，British Legation（英国公使馆），YEDO（江户），文字下面是花草装饰图案。萨道义 1862 年第一次来日本东京，出任英国公使馆书记官，1884 年转任泰国总领事，1895 年以公使的身份再次来日，直到 1900 年离开日本。所以，从萨道义在日本的逗留时间看，这枚藏书票应该是在 1900 年他离开日本之前贴上去的。从这枚藏书票的文字来推算，这枚藏书票的制作可能更早，因为 1868 年之前东京被称为江户，藏书票上使用了 YEDO（江户）而非东京字样，说明制作时间应该在 1868 年以前。萨道义的这本藏书目前还留在日本，被日本收藏家本间久雄所收藏。据说，在萨道义来日本时携带的另一本题为《1612—1615 年日本基督教徒受迫害史》里也发现了一枚与上述同样的藏书票。无论是哪一枚，萨道义的藏书票应该是在日本出现最早的西洋藏书票。

图 1-2-8
票主：东京书籍馆
制作者：永井久一郎
（铜版 8.5cm × 6cm）

日本文部省于 1872 年创立的国家公共图书馆即东京书籍馆，从 1875 年开始也使用藏书票了（图 1-2-8）。东京书籍馆第一枚藏书票是铜版藏书票，由日本著名文学家永井风荷的父亲永井久一郎设计制作，上面分别写有东京书籍馆、明治五年、文部省创立以及英文 TOKIO LIBRARY 等文字，从构图上看，显然是受到了西方的强烈影响。1877 年，东京府又请永井制作了一枚用于贴在东京府书籍馆图书上的藏书票。这些票都是公共图书馆用于整理书籍的整理票，按照日本书票协会第二任会长坂本一敏的话来说，这些到底算不算藏书票还有待商榷。

图 1-2-9
票主：执行弘道
制作者：不详
（木版）

据帕菲特的考证，近代日本个人最早使用藏书票的是一位名叫执行弘道的商人。1882 年，执行弘道被派遣到纽约担任第一日本商会的董事，精通日本艺术的执行弘道很快进入了纽约的社交圈，1884 年成为格罗里尔俱乐部（Grolier Club）的会员后，在纽约做了一场关于浮世绘的精彩讲座。格罗里尔俱乐部的图书馆里保存了执行弘道捐赠的浮世绘以及执行弘道的相关资料，其中有 2 枚藏书票（图 1-2-9）。1900 年，执行弘道离开纽约回日本，因此可以推算执行弘道在 1900 年前就已经开始使用藏书票了，这是作为日本人个人最早使用藏书票的证明，执行弘道的亲属至今仍保存着执行弘道贴有他个人藏书票的藏书。

但是，执行弘道的藏书票是在日本之外制作并使用的，也是贴在他私人藏书上的，这样的行为和英国外交官萨道义一样，并不为外人所知晓。也就是说，1900 年之前，在日本藏书票的黎明时期，虽然出现了藏书票，也有人接触并使用了藏书票，但一般的日本人对藏书票并不了解。

明治维新之后，日本新旧文化发生了激烈的冲突，但引进西方文化并不是一帆风顺的。1876 年明治政府创办了工部美术学校，聘请了三名意大利艺术家来任教，但日本社会对西洋美术仍然持强烈的排斥态度，以致到 1888 年时，堪称日本最高艺术学府的东京美术学校竟然不开设西洋美术的课程。直到 1893 年后，黑田清辉等多位留学归来的艺术家们成功举办了西洋画画展，日本社会才逐步接受了西方的油画文化。1896 年，东京美术学校新设了西洋画科和图案科。1899 年，以冈仓天心为中心的日本美术院成立，翌年，文艺美术专门类杂志《明星》创刊，日本掀起了浪漫主义运动。

1900 年，醉心于日本浮世绘的奥地利分离派版画家艾米尔·奥尔利克到日本访问。在日本逗留的 10 个多月时间里，他不仅考察了日本的木版画制作，也向日本人介绍了石版画的技术。特别是奥尔利克带来的 4 枚藏书票在《明星》杂志上刊登后，让日本的艺术家也纷纷关注起这种尺寸非常小的作品，也有人向奥尔利克定制了藏书票。

《明星》杂志介绍说："藏书票也可以称为欧洲的藏书印，那是贴在自己的著作或者藏书第一页上以供赏玩的作品。"《明星》杂志并大胆地预测："此等好事将在日本逐步流行起来。"后来的事实证明了《明星》杂志预测的准确性。

书籍印刷装帧的西化

藏书票在日本开始流行需要有两个条件，一个条件是书籍印刷装订的全面西化，另一个条件是文人开风气之先。

日本原来的书籍类似中国式的线装本，正文部分和封面用纸都非常软，那样的线装本似乎更加适合藏书印。明治维新后，日本开始引进西方的印刷技术，用纸和装订都改成了西式。爱屋及乌，用了西式硬封面装订的书籍，似乎也更加适合藏书票了，随着日本书籍装订的进一步西式化，藏书票的流行也就有了基础。

1873 年，明治政府印书局雇用的加拿大人 W. 帕特森给日本人传授了西方书籍特别是皮革装订的方法后，不少日本传统的书籍装帧者纷纷学习，而日本政府以及银行等机构先行一步，采用西式装订方法来装订一些珍贵资料。但是，这样的豪华装订与一般的老百姓没有什么关系，流通中的出版物虽然慢慢放弃了雕版印刷而开始采用活字印刷，但是，书籍装帧还是采用了江户以来的传统装帧，出现了一种"和洋折中"（日语词，日本与西方混合的风格）的书籍。

从 19 世纪 80 年代开始，从里到外都是西式印刷装帧的书籍开始流行。印刷采用了油墨、活字版机械的两面印刷，出现了硬封面的精装书籍，基本上完成了从线装书到西式印刷书籍的过渡。但在尺寸方面仍保留了江户的合卷[1]尺寸（18cm×13cm），因为这种尺寸正好适合日本人的手形。

虽然那个时代的书籍印刷已经全面西化，但书籍装帧还保留了很多日本的特色。比如，当时封面印刷大都采用彩色石版印刷，但更受读者欢迎的还是采用日本传统的木版版画做封面的书籍。结果木版版画不仅用于封面，还用于书籍里的封二、封三以及内文的装饰。日本出版商还参照线装书的装帧，为每一本精装的书籍添加了外函，后来这种外函还发展成里外两套，称为夫妇盒。日本社会对书籍装帧之美的追求，也为日本藏书票的发展奠定了基础。

文人开风气之先

1900 年《明星》杂志对藏书票的介绍虽然起到了推波助澜的作用，但是西洋用品特别是藏书票这样个人化的商品，要流行起来还是需要有"明星"来示范的。最早的"明星"出现在众多留学归来的文人中，1903 年从英国留学回来的夏目漱石带回了前拉斐尔派的画集。他不仅给版画家桥口五叶观摩，还要求桥口参照画册里的风格来装帧他的作品集《漾虚集》。桥口五叶出色地完成了装帧工作，并在书里设计了一枚藏书票（图 1-2-10）。

---

1 日本江户时期有插画的故事书的合订本，每册为 50 页左右。

图 1-2-10　　《漾虚集》（1906 年 大仓书店）刊登的藏书票式样的插图
制作者：桥口五叶
（木版　9cm×7cm）

藏书票本该是收藏者贴在藏书上的，同时要标明票主的姓名。这枚藏书票
虽然印制在合适的地方，也有藏书票 Exlibris 的标记，但又不像机制通用
票那样留出空白让票主自己填写，所以，这不是真正意义上的藏书票，只
能说是一枚类似藏书票的装饰插图。

　　桥口五叶在这幅插图上画了一位露出丰满乳房且正在阅读的美女，这
在当时的日本是非常大胆的插图。本来作为个人藏书的标记，夏目漱石喜
欢裸女图案风格的藏书票也无伤大雅，但《漾虚集》毕竟是一部公开发行
的书籍，印上这样的裸女画还是比较危险的。为什么说危险呢？从《明星》
杂志第 8 期被禁止发行就能得到答案。《明星》杂志在第 7 期介绍藏书票
后，在第 8 期刊登了画家一条成美的一幅裸女插画，正是这幅插画让那期
杂志没有通过东京有关部门的检阅，被禁止公开发售。其实，一条成美的
那幅裸女图也只是用线条简单勾勒的非常朴素的插画，如果直接套用这样
的标准，夏目漱石的《漾虚集》也极有可能被禁止公开销售。可见当时对

裸体画的限制是何等的严格，不过幸亏当时的检阅官高抬贵手，让《漾虚集》在 1906 年如期出版，从而成就了日本藏书票历史上的一则佳话。

虽然桥口五叶为《漾虚集》绘制的这枚藏书票并不是真正意义上的藏书票，但这位日本著名的版画家、书籍装帧家却因此和藏书票结了缘。夏目漱石曾经在一封书信中说，1905 年，他介绍桥口五叶为在日本第一高中任教的美国人莫里斯制作了藏书票，而莫里斯对桥口五叶的制作非常满意，还在给夏目漱石的信中表示了称赞。不过，亲眼见过桥口制作的藏书票的人并不多。

日本最初以插画形式出现的藏书票立即在文人中得到了响应。在北原白秋的《邪宗门》(1909 年)、三木露风的《正曙》(1910 年)、小岛乌水的《日本阿尔卑斯山》(1901 年) 等书中，都印制了藏书票样式的插图。当然，这些插图都还不是真正意义上的藏书票。

与桥口五叶同时代的日本现代设计先驱者杉浦非水也曾经制作过藏书票。1912 年 3 月，在日比谷图书馆举办的杉浦书籍装帧的展览会上，展出了包括藏书票在内的各种书籍装帧设计，吸引了很多观众的兴趣。

在 20 世纪最初的 20 年中，日本复制艺术达到了一个新的高度。受到西洋现代版画的驱动，织田一磨、石井柏亭、山本鼎等日本艺术家们掀起了日本创作版画的运动，开始在《方寸》等杂志上，用木版、铜版和石版等有别于日本传统版画技法发表创作版画和藏书票，这样的活动无疑都推动了日本社会对藏书票的认知与接受度。

千社札与藏书票

明治维新之后，日本之所以能迅速接受藏书票这一概念，并开展藏书票的交换活动，除了和当时日本人拼命吸收西方文化的风气有关之外，和日本的传统文化也有密切关联。

早期日本藏书票的发展更依赖当时日本社会的一种流行活动，即千社

图 1-2-11　千社札

札（图 1-2-11）的交换活动。实际上，日本第一次藏书票交流活动和《藏票作品票集》的发行都是跻身在千社札活动中完成的。千社札也称为纳札，是一种贴在神社或者寺庙建筑天井和墙壁上的贴纸。当初日本人在参拜寺庙神社时，要提交印有自己名字的纸片，后来又流行把印有姓名或标记的纸片贴在寺庙里，代替本人留宿参拜。现存最古老的纳札是日本天文年间（1532—1555 年）石山寺所收的纳札。到了江户时代，社会趋于安定，老百姓之间已不满足去一两个寺庙神社贴纳札，而是希望自己能参拜 1000 个寺庙神社，所以他们所贴的纳札也被称为千社札。如果能够参拜 1000 个寺庙神社当然是了不起的事情，因而贴纳札的民众也掀起了一种竞争，那就是为了更清楚地显示自己的参拜记录，大家开始在纳札的设计制作上动脑筋。所以，后来的千社札就开始采用彩色印刷，本来只记录姓名、职业和地址的千社札也越做越精美，让大家爱不释手，自然而然地形成了千社札的收藏和交换活动。

由于千社札在神社寺庙的张贴已严重损害到建筑物的美观，江户幕府也曾一度下令禁止，但最终敌不过民众的喜爱，到了幕府末年，千社札又重新流行起来。不过，由于各地寺庙神社已不再允许张贴千社札，所以那些千社札逐步演变成了一种美术品，成为众人收集和交换的对象。在 19 世纪末和 20 世纪初，日本千社札爱好者定期地召开交换会，并形成了不少固定的流通渠道。在千社札的交换会上还可以交换各种兴趣爱好的物品，比如，古代各地大名发行的当地货币（藩札）也是交换会的主要交换对象。由于舶来品藏书票刚刚进入日本不久，知道和喜欢的人并不多，一开始根本无法自己独立组织藏书票爱好者的交流活动，所以他们就跻身在千社札的交换活动中，借千社札的场地来开展藏书票的活动。

当时，东京的一些"有闲阶层"还搞了一个类似宗教性的兴趣爱好者组织"我乐他宗"[1]，日本近世奇人三田林藏自称"我乐他宗"的本山，寺名为平凡寺，《藏书票之话》的作者斋藤昌三当时才 30 岁出头，被封在第五山的相对寺。随着要求参加的人不断增加，"我乐他宗"从五山发展到三十三山，还有更多的人只能被称为末寺，混迹其中。"我乐他宗"的主要活动还是千社札的交换会。在交换会中，除了千社札，还有磷票（火花）、啤酒瓶盖、乡土玩具、禁书和藩札等各类稀奇古怪收藏品的交换，藏书票也包括其中。其实，斋藤昌三当时正是希望利用类似千社札的交换会来迅速发展藏书票爱好者的队伍，并取得了非常好的效果，比如日本乡土玩具收集家加山道之助等不少千社札的爱好者确实被藏书票所吸引，成为日本藏书票最早的一批爱好者。

就这样，在千社札交换会里，日本藏书票的交流和普及活动算是迈出了第一步。实际上，由斋藤昌三主持的日本藏票会的活动基本上没有脱离千社札交换会而完全独立出来，藏书票爱好者的活动主要依靠更具有广泛基础的千社札交换会。可以说，如果没有千社札交换会这样的传统活动，日本早期藏书票的推广普及恐怕会非常艰难。

筚路蓝缕的日本藏票会

在传统的千社札交换活动中，日本国内藏书票爱好者也慢慢多起来，并逐渐集结起来成立了一些小团体分享他们的藏书票。1915 年，著名的版

1　我乐他宗：日本收藏家组成的交流团体。1908 年三田林藏创建，斋藤昌三、美国人类学家斯塔尔等多人参加，在日本各地拥有支部组织。发行《趣味与平凡》杂志。交流活动持续到 20 世纪 40 年代。

图 1-2-12
票主：日本藏票会
制作者：牛田鸡村
（木版 8.5cm×11cm
20世纪30年代）

画雕刻师香取绿波在日本创立了一个名为"藏书票同好会"的藏书票组织，并与参加同好会的藏书票爱好者们共同制作了12种藏书票。1920年，版画家织田一磨等人也组织了藏书票之会。

在这些藏书票组织中，最具有影响力的还是以斋藤昌三和丰仲清为中心于1922年成立的日本藏票会。同年，日本藏票会在东京举办了第一次交流大会，共有89名会员参加，展示了101枚藏书票。以"兴趣爱好和艺术如何共存"为共同目标的著名作家饭岛抚山、大野麦风、川崎巨泉、河村目吕二、涉谷修、桥本春陵等人也参加了进来，日本藏票会初具规模。不过，那时的藏书票还是按绘画、刻版、拓印三个工序分工合作，以日本传统版画的模式来制作的。在刻版师香取绿波和拓印师田中酉水等人的帮助下，斋藤昌三他们出版了《日本藏票会第一次藏票作品集》（图1-2-12）。

1923年，日本藏票会借了上野不忍池畔的兼葭堂开了第二次大会。这次声势更加浩大，与会人员增加到93名会员，其中还包括了一名从美国芝加哥赶来的会员。出品的藏书票有106枚，除了第一次大会参加的作家之外，画家山内神斧、中川纪元等人也加盟了，会后出版了《日本藏票会第二次藏票作品集》。

但就在日本藏票会的活动如火如荼地开展起来的时候，发生了给近代日本带来巨大灾难的关东大地震，斋藤昌三的家惨遭重创，他无力继续运营日本藏票会。于是，丰仲清就请京都的小西石藏参与藏票会的运营，并邀请加山道之助、藤浪陶老、须知善一等人准备第三次藏票会大会。虽然受灾，斋藤还是赶来参加了准备活动。1924 年，日本藏票会第三次大会改在大阪如期举行。但受到关东大地震的影响，以及开幕日又与日本全国大选日不巧相撞，导致参会人数下降到了 80 名，展出的藏书票也只有 85 枚。但是，这次展会中出现了西洋风格的藏书票，会后由丰仲清编辑的《日本藏票会第三次藏票作品集》也顺利出版了。

1925 年，日本藏票会在大阪举行了第四次大会。与会人数再次减少到 70 名，展出的藏书票作品也减少到 75 枚。但是，也有如作家森田恒友、木村庄八、长谷川小信、横井弘三，雕刻师得能太一郎等新成员的参加。第四次大会改变了以往的运营方补贴，以收取实际费用的方式出版了《日本藏票会第四次藏票作品集》，以后大会也基本延续了这样的运作方式。

虽然藏票作品集上的发行人还写着斋藤和丰仲两个人，但藏票会的主体已经转移到大阪，之后活动实际上都是由丰仲来主持展开的。在停办了两年之后，藏票会第五次大会于 1928 年在大阪举行，参加的会员人数恢复到了 84 人，展出的藏书票作品也回升到了 97 枚。不仅有田中拙哉、户田门时雨、牛田鸡村、岩田荣之助、並木瑞穂、中岛清等新作家加入，也有木版印刷的藤浪吟庄、铜版制作的中兴社的参加，《日本藏票会第五次藏票作品集》也得以继续出版。

然而，由于藏票会的发起人斋藤昌三和丰仲清之间产生了分歧，还有其他种种原因，日本藏票会以后就再也没有组织过全国大会，日本藏票会这个组织也自然消失了。1928 年的藏票会第五次大会是这个兴趣爱好者组织的最后一次大会。

20 世纪二三十年代是日本政治上进一步民主化的时代，在这段被俗称为"大正浪漫时期"的日子里，日本画家们的创作活动也空前活跃。除了日本藏票会之外，藏书票爱好者在各地也纷纷开展了活动。1927 年，冈崎藏书会举办了两次藏书票活动会，第一次募集了 60 多枚藏书票，这些藏书票主要是以石版印刷的。第二次募集了 80 多枚，1929 年还在东京举办了

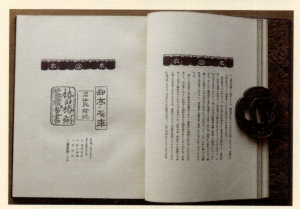

图 1-2-13 　《藏书票之话》 斎藤昌三 1929 年（封面、内文）

创作藏书票交换会。1929 年，东京的石原求龙堂也组织了以版画家平塚运一为主的自刻藏票会。虽然这些活动并没有定期持续地开展下去，但也可以看作是星星之火，藏书票这种个人兴趣爱好正在获得越来越多的日本人的了解和认同。

1929 年，斋藤昌三出版了《藏书票之话》（图 1-2-13），更是给日本藏书票爱好者带来了理论武装。这本著作是日本历史上第一本藏书票专著，在日本藏书票历史上具有里程碑的影响，也被认为是"亚洲藏书票圣经"。在书中，斋藤对于藏书票的形式、使用等做了全面介绍，给藏书票爱好者作了一次完整的普及工作，让他们对藏书票有了更清晰的认识。日本许多藏书票的爱好者和制作者都是在这本著作的影响下，投入到藏书票这个方寸世界的。

1930 年春天，东京神田举办了一次藏书票展览会，日本藏书票热再次升温。在这样的气氛下，介绍藏书票的刊物相继创办：和田万吉在 1930 年创刊的《书物与装订》杂志中开始介绍藏书票。同年，日本第一本藏书票专业杂志《藏书票》月刊也由中田一男创办出版了。在《书物展望》（1931年）、《书物趣味》（1932 年）、《书物俱乐部》（1934 年）等杂志中，栋方志功、奏丰吉等人也纷纷撰稿介绍了藏书票。

日本历史上第一个藏书票组织"日本藏票会"虽然消失了，但藏书票却开始得到广泛的认识。

"美化和增值票"志向的日本藏书票协会

在日本藏票会消失后，日本的藏书票热并没有降温，一些喜欢收藏的人也开始制作藏书票。大阪美术书店的主人森田乙三洞（森田诚信）就制作了一些藏书票（图 1-2-14），显示了他的艺术造诣。在这样的氛围中，大阪木版社老板山口得三创办《藏票趣味》杂志之后，找到兵库县出生的小塚省治，提出希望成立藏书票组织的想法，立即得到了小塚的积极响应。

图 1-2-14
票主：森田诚信
制作者：不详
（木版）

1933 年，"日本藏书票协会"成立，小塚省治担任会长一职，并且请到斋藤昌三来做辅导。

如果说日本藏票会的组织作用是将大家的兴趣从纳札转到藏书票上，那么小塚省治则希望日本藏书票协会能具有研究的功能，协会更是划时代地组织以"美化书籍、增值书籍的创作藏书票"为理念的创作活动，让日本藏书票迎来了新时代。除了继续发行《藏票趣味》杂志之外，日本藏书票协会还刊发了多种藏书票集和研究论文集。

然而，倡导带有研究性质的活动无法吸引一般的兴趣爱好者，因为他们还是喜欢像纳札那样的交换活动，热衷于藏书票的收集、交换，所以对日本藏书票协会采取了敬而远之的态度。一时之间，日本藏书票协会在会员的发展上处于停滞状态。不过，墙内开花墙外香，这段时间里日本藏书票在海外得到了良好评价。由于小塚省治在商社工作，接触到了英国、美国等国外的藏书票协会，他积极地与国外藏书票爱好者联系，并进行交换和买卖。仅仅 1934 年一年，小塚省治就出口了 3200 枚日本藏书票。

"美化书籍增值书籍的创作藏书票"这个口号在日本藏书票历史上有着里程碑式的意义，它明确赋予了藏书票的另外两种基本功能，即藏书票不仅能显示书籍的所有权，而且还能美化书籍，让书籍因此得到增值的作用。

正是这两种功能的明确，让越来越多的日本爱书家去定制自己的藏书票。

1933 年，日本藏书票协会出版了《日本藏书票协会藏票集》第一辑，收录了 50 枚藏书票和两篇文章，发行量为 50 册。后来改订了一次，只收录了 30 枚藏书票，但公开发行了 150 册。这一时期，日本藏书票界也开始与欧美交流，除了通过商社，日本藏书票协会还通过常驻巴黎的松尾邦之助联系了法国藏书票季刊 *L'Exlibris Revue Internationale 1932～1933*，季刊刊登介绍了日本藏书票的情况和三幅藏书票作品。1934 年，有澳大利亚人向日本藏书票协会发出了订购木版画藏书票的订单。这些都表明了国际上已开始关注日本藏书票，并对其有了一定的认识。

日本藏书票协会继续如期地出版藏书票集。1934 年，《日本藏书票协会第二藏票集》出版，收录了 74 枚藏书票和 8 篇文章，发行 150 册。1935 年，《日本藏书票协会第三藏票集》出版，收录了 48 枚藏书票和 1 篇文章，但只发行了 80 册。这让协会受到了一些挫折，暂停了一年后，1937 年出版了《日本藏书票协会第四藏票集》，收录了 51 枚藏书票和 2 篇文章，发行了 80 册。尽管这时战争阴云已经开始笼罩日本，但日本藏书票协会还梦系和平，1938 年又出版了《日本藏书票协会第五藏票集》，收录了 51 枚藏书票和 2 篇文章，发行了 80 册。1939 年，《日本藏书票协会第六藏票集》出版，但只收录了 18 枚藏书票，远远低于以往的收录数量。那时，日本已经到了全面战争的前夕，紧张的国内气氛显然已不太适合个人兴趣爱好的交流，不仅藏书票集的出版难以为继，日本藏书票协会也不得不停止了活动。

在日本藏书票协会的时代，大家虽然对藏书票有了进一步的认识，并赋予其美化书籍和增值书籍的功能，但会员人数几乎没有得到增加，藏书票依然只是少数人的兴趣爱好。这一时期比较活跃的藏书票作家有德力富吉郎、畦地梅太郎、小栗庆太郎、异人馆四郎、佐藤米次郎、中田一男等，由于这些日本著名版画画家的鼎力支持，为日本藏书票再现高潮增添了不少光彩。

日本书票协会的风风雨雨

太平洋战争爆发之后，东京人更能感受到战云密布、人心不稳的气氛，不过即便是在社会环境恶化的情况下，有嗜好的人大概也难改他们的兴趣吧。虽然日本藏书票协会消失了，但一些小型的藏书票爱好者组织还在继续活动着，也搞过一些藏书票展览，并出版了藏书票集，藏书票的活动仿若野草，烧之不尽。

1935 年，出版人志茂太郎在版画家恩地孝四郎的协助下创办了《书窗》杂志（图1-2-15），这本杂志后来被誉为当时日本最美的期刊。志茂太郎是葵（AOI）书房的主人，主要出版限定版书籍，恩地孝四郎

图 1-2-15
《书窗》杂志 1935 年

是日本创作版画的奠基人、装帧家，两人对藏书票都有着浓厚的兴趣，志同道合，所以很快结合起来，也吸引了他们身边的人关注藏书票。《书窗》创刊后的第二年即 1936 年就出版了藏书票特集，发表了关野准一郎、谷中安规、平塚运一、伯纳德·利奇、栋方志功、川上澄生等画家的藏书票作品。1938 年，《书窗》再次发行藏书票特集，发表了武井武雄、逸见享、恩地孝四郎、前川千帆、山口进等画家的藏书票作品。为了普及藏书票，《书窗》杂志还组织了藏书票颁布会，促成当时的优秀版画家与藏书票爱好者之间的互动。这些活动取得了很好的效果，也使得日本藏书票的制作质量有了全面的提高。

1943 年，也就是日本藏书票协会停止活动的 4 年之后，志茂太郎、恩地孝四郎等人成立了藏书票的新组织——日本爱书会，当时众多著名的版画家如关野准一郎、川上澄生、前川千帆、童话作家兼版画家武井武雄、

插画家初山滋都是有力的会员。然而这个组织也生不逢时，那时日本在第二次世界大战的战场上节节败退，直到最后无条件投降，协会的活动自然也受到了极大影响。1944 年，书票活动的主要阵地《书窗》杂志被迫停刊，1945 年，书票协会的事务所被迫从东京中野葵书房里疏散到了志茂的老家冈山县。1957 年，日本爱书会改名为日本书票协会（1943 年至今），成为日本历时最长并传承至今的全国性的藏书票制作者和爱好者组织。

书票历和《日本书票协会通信》

日本书票协会最有创造性的活动是书票历的策划与发行。为了吸引更多的藏书票爱好者，使协会的活动得以长期延续下去，志茂太郎设计了把藏书票和日历结合起来的书票历（图 1-2-16）。由日本书票协会向著名版画家约稿制作书票，并在协会中抽选 12 名会员做票主。将这些书票原票贴在月历上，每个月贴 1 枚，1 年 12 个月共贴 12 枚，分 3 次寄送给各地的会员，且在月历页印上票主名和技法。书票历从 1943 年起发行，1948 年 1月开始征收会费。除了 1945 年那一年没有发布完整的 12 个月月历之外，自 1943 年开始至 2020 年，书票历的发行一直没有间断过。

1977 年，年事已高的志茂太郎感到自己组织发行书票历越来越力不从心，所以决心隐退，他希望藏书家坂本一敏来接替书票协会的会长，但坂本一敏也已经退休，无法安排书票协会事务局的办公地点，非常为难。文化出版局长今井田勋得知消息后，答应可以在文化出版局里面安排协会事务局的办公地点。1977 年，坂本一敏和今井田勋两人圆满地把书票协会从冈山县搬回了东京。在把书票协会的工作顺利移交出去后不到两年，志茂太郎也离开了人世。

除了发行书票历，日本书票协会同时也编辑《日本爱书会通信》，每年 1 期，从第 3 期开始改称《爱书会通信》（图 1-2-17），1948 年以后改为一年两期。搬到文化出版局后，日本书票协会进入了一个新的时期，

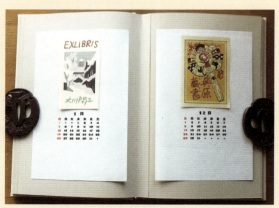

图 1-2-16　日本书票协会发行的书票历

《爱书会通信》改名为《日本书票协会通信》，配合每年的书票历继续发行。
当时书票协会在日本的会员已达到 797 名，海外会员也有 118 名之多。他
们推举坂本一敏为第二任会长，今井田勋、八木福次郎、今村秀太郎担任
协会理事，后来又增选了内田市五郎为负责海外事务的理事，实际就是让
文化出版局的职员兼管了书票协会的日常工作。

　　为了推广藏书票，日本书票协会还在全国各地举办各种展览。1978 年，
在银座御木本礼堂举办了现代日本书票展，来参观的观众超过了 3000 人。
捷克斯洛伐克的大使也来参观了这次展览，NHK 电视台为此还制作了一档
"纸之宝石——书票的世界"的专题电视节目，吸引了大家对藏书票的关注。
第二年，参加日本书票展的观众超过 4000 人，可以说此时的日本藏书票在
海内外都产生了一定的影响。

　　1982 年，日本书票协会在英国牛津举行的国际藏书票协会联盟第 19
届大会上加入了这个国际组织。同年，在英国和比利时分别举办了日本藏
书票展，日本藏书票制作者大本靖在 200 多名观众面前用传统木版画技法
印制了 8 版 7 色的藏书票，令在场的观众对木版藏书票赞叹不已。同时，
帕菲特也在大会上发表了关于日本藏书票的讲演，介绍了与欧洲藏书票完

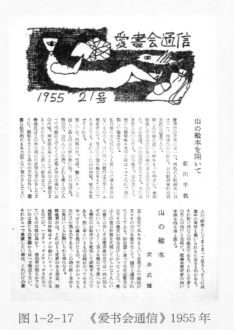

图 1-2-17 《爱书会通信》1955 年

全不同的日本藏书票及其发展历史，让欧洲的藏书票爱好者对日本藏书票
有了一次较为全面的了解。

此时，顺利发展的日本书票协会却遇到了新的困难。第二任会长坂本
一敏由于健康问题无法继续担任会长一职，1983 年由版画收藏家长谷川胜
三郎接任了日本书票协会会长一职，1987 年又把会长一职交给了文化出版
局今井田勋。然而只过了两年，第四任会长今井田勋就撒手人寰。此后，
吾八书房的老板今村秀太郎接任此职，成为第五任会长。同时书票协会的
事务局也不得不从文化出版局里移出来，搬到了吾八书房的分部继续运营。
1994 年，今村秀太郎病故，由日本古书通信社社长八木福次郎担任第六任
会长，书票协会无奈再次另寻办公地点，独立运营。

在发行书票历和《日本书票协会通信》之外，日本书票协会自 1984 年
开始举办日本书票协会全国大会。大会的宗旨是促进藏书票爱好者之间的

图 1-2-18　日本书票协会发行的《书票十二家集》（第一回）

交流、会员之间的亲睦和促进藏书票的交换。从 1984 年开始，每两年举办一届，到 2019 年为止已经举办了 18 届。

从第 1 届到第 7 届，日本书票协会发行了《书票十二家集》（图 1-2-18），每集邀请 12 位版画家制作一枚藏书票，协会用精美的盒子来盛装，并附有《作家感言》一册。日本泡沫经济崩溃后，豪华的《书票十二家集》的需求大幅度减少，从第 8 届大会开始，日本书票协会停止了《书票十二家集》的制作和发行。

1992 年举办国际藏书票协会联盟大会

1990 年，在西德举行的国际藏书票大会上，日本获得了 1992 年举办国际藏书票协会联盟大会的举办权。而这次在北海道札幌市举办的第 24 届国际藏书票大会，对日本藏书票界来说可谓有史以来最大的盛事。

为了迎接这次大会，日本书票协会在 1989 年就成立了由大本靖、土屋文男、上田川喜郎、佐藤英治等人组成的准备会，在准备会第一次会议上决定起草世界书票大会规划，当时计划国内 130 人，海外 70 人参会的规模，考虑到海外参会人员可以顺便游览北海道，所以把会期选在气候宜人的 8 月下旬，地点定在了比较容易安排宾馆和礼堂的札幌市，参会费用设定在每人 3 万日元，这些内容在 1990 年西德举办的第 23 届大会上进行了说明。准备会曾经邀请广告代理商为大会募集广告，却以"北海道的大部分人都不明白藏书票是什么"为由而遭到了拒绝。

1992 年，日本书票协会正式成立了第 24 届世界书票会议实行委员会，由协会会长今村秀太郎担任大会会长，大本靖任委员长，土屋文男任副委员长，委员会成员还有上田川喜郎、斋藤专一郎、内田市五郎和关根蒸治等。为了在北海道宣传、推广藏书票和迎接世界大会的召开，准备会在札幌举办了一系列藏书票展览，并在一些媒体上刊载了多次软性广告。《北海道新闻》在星期日的文化版上开辟了《书票的世界》栏目，连续两年多刊发了有关藏书票的文章，给北海道人做了很好的启示。

经过近4年的准备，为期4天的第24届国际藏书票大会从1992年8月31日起在札幌市成功地举办了。日本国内的参会人数为230名，海外参会人数为50名。除了欢迎宴会、藏书票交换，大会还组织了多个演讲。今村秀太郎作了"乡土玩具与书票"的主题讲演，北海道大学教授竹田正直作了"关于夸美纽斯"的讲演，克里夫·帕菲特作了"日本的书票"的讲演，詹姆斯·季南作了"现代美国的书票"的讲演。除此之外，小林义雄作了多色木版印刷表演，平塚昭夫作了合羽印刷的表演，大会还出版了《书票十二家集（5）》《世界书票作家展图录》《乡土玩具谱》（图1-2-19）、"北之书票集"明信片。同时，为了配合第24届世界书票大会在札幌举办，日本书票协会在东京的日本桥丸善书店举办了艾米尔·奥尔利克纪念展。

图1-2-19 《乡土玩具谱》
（日本书票协会1992年）

《藏书票杂志》的插曲

就在《日本爱书会通信》发行 50 周年前夕，日本书票协会内部发生了分歧。斋藤专一郎等在《藏书票杂志》第 10 期上回忆了这段经历：主要是当时书票协会的财务账目不够透明，而在这样的情况下，协会不仅铺张地要搞协会 50 周年纪念大会，而且还突然把会费从每年 8000 日元上涨到12000 日元，部分理事觉得不可思议，但会长今村秀太郎不仅没有倾听大家的意见，反而要求这些理事辞职。

协会认为，版画藏书票的制作成本不断高涨，提高会费是不可避免的。在财政紧张的状况下，维持稳定地发行书票历应该是协会的首要工作。实际上，日本书票协会设在吾八书房的分室，各项事务由吾八书房承担，也就是说吾八书房已经分担了一部分协会的费用。不当家不知柴米贵，理想和现实总有差距。在双方沟通无效之后，关根蒸治、斋藤专一郎、松菱多津男、山口博南和内田市五郎等人从日本书票协会里独立出来，在栃木县宇都宫市的关根家里成立了《藏书票杂志》编辑委员会，从 1994 年 2 月开始发行《藏书票杂志》（图 1-2-20）。

季刊《藏书票杂志》一年发行 4 期，每期 8 页到 16 页不等，并不定期贴附藏书票实物，定价 1000 日元，创刊号免费。《日本书票协会通信》的主要内容是书票历，而《藏书票杂志》则增加了藏书票制作者的介绍、藏书票的创作谈、海内外藏书票的活动信息和藏书票集的出版信息等，从一定程度上落实了关根蒸治等人希望促进藏书票爱好者之间交流的主张，

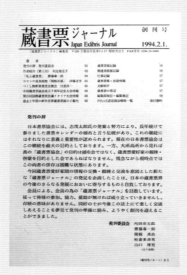

图 1-2-20 《藏书票杂志》（ 创刊号 ）

《藏书票杂志》一共出版了24期。

但是，《藏书票杂志》编辑委员会也充分认识到日本藏书票爱好者对日本书票协会发行的书票历的热爱也是无可替代的。1998年，《藏书票杂志》编辑委员会和日本书票协会这两个组织再次合二为一，关根蒸治接任日本书票协会会长，同时《藏书票杂志》改名为《日本书票协会通信》继续发行。实际上，这两个组织的统合工作从1995年今村会长去世，八木福次郎担任会长之后就开始了，但是进展并不顺利。即使在1997年，《藏书票杂志》的编辑委员斋藤专一郎接任日本书票协会会长一职后，仍然没有完成统合的工作，直到日本书票协会的事务所从吾八书房搬离出来后，这两个组织才得以统合。

日本藏书票界和中国的交流

虽然早在20世纪30年代，日中版画界中就有了藏书票的交流，但仅限于个别版画家之间的交流。根据日本书票协会编的《日本书票历程》的记载，中日之间藏书票的交流活动在20世纪80年代迎来了一个小高潮。

1984年，时任中国人民美术出版社《版画世界》主编的李平凡组织中国版画家访问日本，特别拜访了日本书票协会，与日本书票协会理事今井田勋进行了畅谈，协商后决定由《版画世界》杂志组织出版日本藏书票特集，并在中国举办日本藏书票展览会。经过半年的筹备，1985年3月15日，在北京中央美术学院陈列室举办了

图1-2-21
票主：纪子
制作者：铃木准中
（木版 4.5cm×7cm）

中日版画藏书票展，展出了中国制作者 176 枚藏书票和日本制作者 116 枚藏书票。

在中国出版《日本版画藏书票选集》的想法，得到了日本藏书票界的积极响应，在不到半年的时间里，就有 53 位日本制作者贡献出 607 枚藏书票。日本书票协会决定把这些藏书票连同之前中国版画藏书票研究会捐赠给协会的中国藏书票先在日本展出，于是从 1985 年 9 月开始，先后在金泽、东京举办了"中日友好——书票的世界展"。展览结束后，为了护送这批珍贵的藏书票到中国，日本书票协会特地组织了以今井田勋为团长、以版画家和友好人士为团员的代表团访问中国。其中有著名的版画家金守世士夫、植木须美子、塚越源七、川田喜一郎、铃木准中，还有已是 81 岁高龄的书志学泰斗庄司浅水、美容界人士名和好子。除了访问了北京之外，代表团还访问了重庆、武汉和上海，不仅参观了中国各地名胜，还和中国各地的版画协会作了友好交流，金守的木版画技术指导，塚越、川田、铃木的孔版技术现场演示都获得了好评。尤其是日本孔版技术上的灵活运用，更是吸引了不少人的关注。

图 1-2-22
制作者：王叠泉
（木版 9cm×7.3cm 1985 年）

为了欢迎日本代表团，中国版画家也制作了藏书票与日本友人交流，王叠泉还特地制作了一枚欢迎日本版画代表团主题的藏书票（图 1-2-22）。画面巧妙地利用色块勾勒出一只和平鸽的形象，并标注了中日交流的英文标语。日本代表团一路上受到了热烈欢迎，让他们都感到不虚此行，也激发了几位作家的创作欲望。回到日本后，金守特地制作了一套以长江三峡为题的藏书票集（图 1-2-23）。第二年，《日本版画藏书票选集》也如期在中国出版了，收录了59名作家的852枚藏书票。

1986年5月，李平凡和版画家戈沙应文化局局长今井田勋的邀请访日，参加了日本书票协会第二次全国大会。李平凡在会上发表了贺词。据日本书票协会会长长谷川胜三郎的记录，李平凡认为虽然中国藏书印的历史非常悠久，但藏书票还是在日本的影响下发展起来的。或许再过5年，中国藏书票也能达到日本的制作水平，不过在此之前还需要日本方面多多帮助。但查看李平凡的正式贺词，并没有这样的内容，恐怕只是交谈中的客气吧，又或许是日本藏书票界当时是这样理解的。

图 1-2-23
票主、制作者：金守世士夫
（木版　11.5cm×7.5cm）

李平凡在贺词中还回忆道：20世纪30年代中国早期藏书票制作的情况，当时版画家李桦和日本版画家佐藤米次郎之间已有很深的交往，而李平凡本人在20世纪40年代和志茂太郎、恩地孝四郎、前川千帆、川上澄生、武井武雄、关野准一郎等有过一段交往，所以拥有不少日本的藏书票，当然，李平凡也为日本的藏书家制作了不少藏书票。

20世纪80年代中期以后，中日之间藏书票的交流活动非常频繁，这样的活动还促使了处于分裂状态的日本书票协会和《藏书票杂志》编委会的复合。当时两者书生斗气，谁也不肯低头。然而，迫于与中国等地的国际交流之需要，这两个组织在1998年终于复合了。接任会长的关根蒸治在关于两个组织复合的说明中特别提到了这点，可以说，中日藏书票交流活动中擦出了很有意义的火花。

1987年和1988年，梁栋和李平凡先后为日本书票协会的书票历制

图 1-2-24　洋灯与古书

票主：庄司浅水

制作者：梁栋

（木版　7cm×6cm　1987年）

图 1-2-25　虎头帽

票主：早川繁

制作者：李平凡

（木版　X1/3　8cm×6cm　1988年）

作了藏书票（图1-2-24、图1-2-25）。1990年初，日本书票协会预告：初夏，李平凡将携带300枚中国藏书票来日本，希望和日本进行交换。根据《日本书票协会通信》第90号上的记录：坂本一敏、山本信之、岸茂丸、佐藤义人、落合良治、日景洋一、小林辉夫、内田市五郎、松菱多津男、河野英一、原野贤吉、长谷川胜三郎和今村秀太郎等藏书票爱好者纷纷拿出自己的藏书票与其进行了交换，交换的300枚日本藏书票全部寄送到了北京。

　　1992年，日本书票协会会长关根蒸治、理事山田代表日本书票协会参加了在香港大学举办的国际藏书票展。香港藏书票协会成立于1989年，会员基本上以藏书票的制作者为主，票主以及藏书票收藏者的圈子还没有形成。为此，日本藏书票界对此进行了援助，吾八书房出资为这次国际展制作了印刷精美的藏书票展会目录"国际藏书票精选"，并出版了相关专辑。

2000 年以后，日本书票协会和中国的交流不如之前频繁了，但有一些日本版画家保持了与中国的交流，比如日本版画家森本利根长期生活在上海，不仅与中国的版画界有密切的交流，而且还深入到中小学开展小版画和藏书票的普及活动。

2007 年 2 月，版画家片野孝志和他同是藏书票制作家的夫人片野节子，以及藏书票收藏家石垣香津应上海图书馆研究员黄显功的邀请，出席了上海图书馆举办的日本藏书票捐赠展览。这次捐赠包括了片野孝志的 30 幅铜版画作品、片野节子的 54 枚以《源氏物语》一书内容为主题的藏书票，石垣香津捐赠了 193 枚藏书票。石垣香津是抱病来参加这次捐赠展的，回日本后不久，她就与世长辞了，可以说她为中日友好做到了生命的最后一刻，值得尊敬。

2008 年，刚刚接任会长的内田市五郎率团参加了 2008 年北京国际藏书票大会。一同出席的成员还有青木康彦、羽田寿夫、末广吉成以及关根蒸治夫妇、片野孝志夫妇、重本完夫妇、辻欣勇夫妇和内田夫人内田晶子等 13 人。

虽然中日藏书票界的交流没有 20 世纪八九十年代的那样紧密，但日本对中国藏书票的发展还是非常关注的，针对中国藏书票的研究也不少。比如，内田晶子在日本翻译并发表了部分中国藏书票的文献，名古屋大学樱井龙彦教授在采访了中国藏书票界有关人士后，总结出中国藏书票界的几大特点：1. 个人票主比较少，主要由学校、图书馆等公共单位来定制藏书票，这显然与贴在个人藏书上的藏书票有所不同。2. 通用性藏书票的流行。比如，上海图书馆为了让大家了解藏书票是什么，经常送通用的藏书票给读者，中国一些出版社在书籍出版时也会附送一些通用藏书票。3. 把藏书票作为投资的对象。这与中国经济的迅猛发展有密切关联。

樱井龙彦教授认为，以上的三点与日本藏书票界有着很大的不同，是中国藏书票界独特的一面。

新世纪以来的日本藏书票界

　　日本泡沫经济崩溃后，日本进入了"失去的二十年"经济低迷时期。经济的持续低迷也冲击了文化事业，藏书票作为个人的兴趣爱好自然也受到了影响。在日本泡沫经济快速发展的时代，日本书票协会的会员超过了1500名，是当时世界最大的藏书票组织，但20世纪90年代以后，日本书票协会的会员人数持续下降，现在的会员人数不足鼎盛期的1/3。

　　2000年以后，日本图书市场出现了紧缩的局面，每年都有大量书店倒闭关门，这也影响了日本的藏书票市场。另外，日本藏书票的爱好者年事偏高，年轻人中关心书票的人也不多，所以日本书票协会的成员也以每年50名左右的速度迅速减少。2004年，丹羽泰和在接任协会会长时就已明确指出，会员人数的减少将会使协会的运营面临亏损的窘境。为了削减经费，日本书票协会着手运营改革，从2011年开始，《日本书票协会通信》改为1年2期，回到了志茂太郎创办《日本爱书会通信》时代的传统，但用纸和尺寸没有改变。同时，为了节省场地租赁费，协会事务所再次搬家，搬到了涩谷。虽然协会会员有所减少，但协会依然坚持每年按时发行书票历，同时举办藏书票交换等各项活动，出版相关书籍资料。薪火相传，砥砺前行。

　　作为个人兴趣爱好的藏书票，似乎小范围的组织活动更加适合他们的需要，从很多小型的活动中也可以看到这点。比如，大阪版画家南部一郎组织的"马莲之会"从1988年开始每年制作和发行藏书票年历。南部所属的关西书票俱乐部从2004年开始举办年度藏书票展会，每次都有20多名藏书票制作者参展。在2019年举办的第15次展会上，展出了前川幸夫、铜山晓、吉冈美惠子等铜版画作品，斋藤修、隅野尚人等人的木口木版作品，以及南部一郎、柳田基、冈本敏照、高松真澄等人的板目木版作品，还有藤原真知子的篆刻作品。

　　在日本也有一些类似的藏书票展出活动。比如版画展企划组合（EQIP）在东京、大阪等地组织了多场藏书票的专题展会，展出并销售版画家们制作的各种藏书票。在 2011 年举办的藏书票展就有 24 名版画家参展，其中阿部真弓、坂田季代子、坂本久子、田中清代、永岛幸子、沟上几久子、山本佳奈枝等展出了铜版藏书票作品，滨中大作展出了石版画作品，蛙月庵、小林叶子展出了孔版画作品，伊津野果地、早川纯子、广濑理纱展出了木口木版藏书票作品，中泽美帆展出了木版藏书票作品，小玉步展出了型染藏书票作品，宫越晓子展出了油毡浮雕版，尾崎浅子展出了橡皮藏书票作品，其他的还有活版、纸板画藏书票作品。参展的版画家都是年轻一代的版画家，而制作藏书票的技法也丰富多彩，使人觉得日本藏书票不仅后继有人，而且还可以百尺竿头更进一步。

2009 年，关西学院大学博物馆准备处举办了"原野收藏品 II 藏书票展——从竹久梦二到现代作家"的专题展览（图 1-2-26），展出了 2007 年大收藏家原野贤吉捐赠的收藏品实物，让很多不熟悉藏书票的人也了解了什么是藏书票。因为这次展会取得了一定的反响，后来关西学院大学博物馆逐步将这些展品挂到他们的网站上，并于 2015 年再次举办了"爱藏书票的男子汉——收藏家原野贤吉的轨迹"为主题的藏书票展。近年来，在日本大学的图书馆、博物馆也时有举办关于藏书票的讲座和展览，比如 2007 年多摩美术大学举办了"欧洲文化史与藏书票"讲座，2013 年神奈川大学图书馆举办了"藏书票的魅力"主题展，2015 年一桥大学图书馆举办了"藏书票的世界：从主题来看本间要一郎藏书票收藏"。2019 年，f.e.i 艺术画廊也举办了藏书票展（图 1-2-27）。

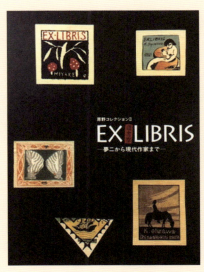

图 1-2-26　关西学院大学
藏书票展图录

图 1-2-27　f.e.i 艺术画廊藏书票展广告

除展览、销售活动之外，让更多的藏书票爱好者能参与其中的藏书票教学活动也是日本藏书票文化中的一个特点。例如，2008 年东京都武藏野市立美术馆邀请版画家井上厚在吉祥寺的伊势丹百货大楼新馆举办了为期两天的藏书票教学活动。这次活动除了讲述藏书票的历史，还特别介绍了该美术馆收藏的版画家萩原英雄的藏书票，在此基础上，请井上厚现场教学如何制作藏书票，让参加者自己从绘图雕版开始到最终印刷完成一枚藏书票。

著名版画家浜西胜则曾经在他的工作室里对笔者感叹，制作美柔汀版画非常辛苦，差不多都要得腱鞘炎了，但付出总会有回报。比如，通过与票主不断的沟通，能成功地创作出既能体现票主意愿，又能展现制作者才艺的藏书票，那就是版画家最大的福气。他相信，社会上总会有爱书家的存在，而藏书票爱好也会薪火相传。只要票主提出要求，版画家都会愿意为他们制作藏书票的。

现在，在日本各个地方都会不定期地举办一些关于藏书票的展会和教学活动，热爱藏书票的人用各种方式为日本的藏书票发展添砖加瓦。作为一种艺术小品，同时又是便利的实用物，藏书票是不会缺少知音的。

3. 日本藏书票界先驱

斋藤昌三

　　1929 年 8 月，虽然源于美国的世界经济恐慌还没有波及日本，但日本的经济却一直处在慢性萧条中。在这样的社会环境中，日本文艺市场社却出版了一部装订超级豪华的书《藏书票之话》，殊为不易。这本书是日本藏书票界的开山之作，可以说是空前绝后，因为自这本著作出版以来，日本至今没有再出现一本在内容或装帧方面都超过这本书的藏书票书。这本有着"亚洲藏书票圣经"美誉的书对藏书票在中国的传播也起到了极为重要的作用，鲁迅也曾在 1930 年 6 月 13 日的日记中写道："夜往内山书店买《藏书票之话》一本，十元。"

　　《藏书票之话》的作者斋藤昌三，那一年他 42 岁。在 7 年前，以他和丰仲清为中心组织了日本藏票会。当时日本藏书票还属于启蒙阶段，藏票会的活动只能附属在其他的兴趣爱好活动中开展，不过在斋藤的坚持下，日本藏票会从 1922 年开始每年举行一次大型活动直到 1927 年。日本藏票会从活动的第一年开始就把当年参加活动的藏书票原票编辑成册，这些藏书票集较为全面地记载了当时藏书票的原貌，给后世留下了宝贵的资料。

斋藤昌三出生在神奈川县。由于父亲事业的失败，他不得不中学辍学出去工作。他第一份工作的老板非常喜欢收藏，这给了他很大的影响，但给他影响更大的是横滨正金银行的小岛乌水和三井银行的矶萍水等同辈的朋友。虽然身份不尽相同，但共同的兴趣爱好把他们连接起来，而直接把斋藤引入兴趣世界的是横滨一家当铺的主人加山道之助，斋藤称加山为兴趣的哲人，可见受到他的影响之深。

在志同道合的师友们的影响下，斋藤昌三逐渐投身到兴趣爱好的世界中去，并参加了当时日本最大的兴趣爱好者组织——我乐他宗。斋藤自号"少雨庄百趣"，并称凡入眼中的都是他爱好的东西，这些兴趣爱好多达50余种。可贵的是他不仅只是凭兴趣收集一些东西，还愿意对这些兴趣爱好进行整理和研究。由于我乐他宗的组织者平凡寺认为兴趣爱好不需要研究，为此，斋藤最终不得不与我乐他宗分道扬镳。在这些兴趣爱好中，斋藤对书籍尤其感兴趣。自称书痴，还引用了《晋书·皇甫谧传》的故事而号称"书淫"。他编辑出版的《爱书趣味》《书物展望》《书痴往来》等杂志，在当时成为话题。同时，他也迷上了藏书票，邀请很多版画家为他制作藏书票（图1-3-1）。斋藤的藏书票不拘形式，除了版画藏书票，也有手绘藏书票（图1-3-2），还有用木片制作的藏书票，各种式样可谓应有尽有。

图 1-3-1
票主：斋藤昌三
制作者：不详
（铜版 8.5cm×6cm）

图 1-3-2
票主：斋藤昌三
制作者：不详
（木版 7cm×8.5cm）

1917 年，斋藤昌三在东京的神田开设了一家贸易公司五车堂，每天坐列车往返于东京和神奈川。他一边经营一边研究他的兴趣爱好，撰写了不少文章。虽然 1923 年的关东大地震让斋藤几乎丧失了全部的财产，但斋藤并没有放弃他的兴趣爱好，反而更加全身心地开始着手撰写《藏书票之话》。这本书的用纸和装帧都十分讲究，虽然计划出版这本书的温古书物坂本书店也做好了亏损的准备，但由于书店经营的恶化，不得不终止了这个出版计划。幸好，文艺市场社愿意接手，终于使这本日本藏书票界的开山之作得以问世。

初版《藏书票之话》是双色印刷，尺寸为 188mm×254mm，一共发行 500 本，但设计了三个版本。第一种发行 470 本，咖啡色全皮封面；第二种为 20 本，橄榄色鞣革封面；第三种为纯白小牛皮封面，内容上比其他版本增加了 20 多枚可能无法通过检阅的外国藏书票，限定 10 本，但在市场上流通的可能只有 7 本。除了《藏书票之话》，斋藤还出版了《日本之古藏票》（1946 年）、《日本好色藏票史》（1947 年），完成了他的藏书票三部曲。

1931 年，斋藤昌三与庄司浅水、佐佐木不知轩成立了书物展望社，创办了《书物展望》杂志，同时也出版了很多被柳宗悦称为"下手印刷物"的书籍。所谓"下手书籍"，就是利用奇特材料、废弃物、废品来装订书籍。比如给德富苏峰出版的《成箦堂闲记》就是使用线装书的残页来做封面，书脊则使用中国的棉布。斋藤给自己的《闲板书国巡礼记》的封面采用的竟然是蚊帐，蚊帐里面画着正在读书的斋藤，这些书籍凝结了斋藤的智慧和创意。书物展望社运营了近 20 年之后，斋藤又创办了《书痴往来》杂志。晚年，斋藤隐居在神奈川县茅崎，埋头研究乡土历史，并担任了茅崎图书馆的第一任馆长。

斋藤昌三一生著述甚多，斋藤的传记作者川村伸秀曾经说，斋藤昌三不仅是一个书籍爱好家，也是一位著名的编辑家、出版家，同时又是性民俗研究家、俳句诗人、藏书票研究家、乡土史学家……是一个多面人物。围绕着斋藤，可以看到从明治时代到大正、昭和时代的日本文学史、出版文化史和兴趣爱好史等多方面值得记录的人与事。

当然，对藏书票爱好者来说，他在日本藏书票界泰斗的地位是无人可以撼动的。

中田一男

中田一男是日本最初以制作藏书票的收入作为生活来源的制作者，也可以说是日本唯一一位专业藏书票制作者，但他的藏书票的创作活动只持续了短短八年，即从 1930 年 5 月到 1938 年 2 月。如果不是死神过早地召唤，中田大概不会停止藏书票创作。

他曾经说过："寻觅知音是无比困难的，这是从一开始就觉悟到的事，否则，我不会立志成为专业藏书票制作者，也不愿意拖累家庭。我相信，只要能提供高质量的作品，就一定能得到藏书家的喜爱和支持。基于这样的信念，我坚持着。然而家贫无余粮，才疏有空拳。虽然我决心以生命为赌注，却难以维持家庭生活，这样的窘境无法用语言来表述，前路依然渺茫。自成为专业藏书票制作者以来，春秋四变，结果是背了一身的债，即使死了也难以瞑目。"

在成为专业藏书票制作者的第二年，中田一男在斋藤昌三主编的《书物展望》（1931 年）创刊号上刊登了一则募集藏书票爱好者会员的广告："作为装订同好会的会员，在提倡以创作版画来制作藏书票的同时，发行月刊杂志《EX-LIBRS》。我积极在各种展会、杂志上发表作品，作为日本唯一的一个专业的藏书票制作者，我是拼命为藏书票的研究和普及在工作，但在经济方面一直非常困难，已经面临着生命的危险。现在，为了摆脱这样难以用语言表达的穷困，特按照下列条件募集会员，希望各位爱书家鼎力支援。A 会员：5 日元，藏书票四版印刷。B 会员：3 日元，藏书票二版印刷。各 50 张 2 寸 ×2.5 寸。在申请的时候，请注明书籍的种类，希望加上的文字以及注明日式还是西式，请把这些要求和会费一起寄来。申请后 20 日以

图 1-3-3
票主：唐木音松
制作者：中田一男
（木版 5.5cm×3.7cm）

图 1-3-4
票主：唐木音松
制作者：中田一男
（木版 7cm×5cm）

内制作完成并寄送给申请者。"

作为专业的藏书票制作者，中田一男当年也有了一定的名声，鲁迅就曾收藏过中田的藏书票，现在中田的藏书票（图 1-3-3、图 1-3-4）更是一票难求，不过，大家对中田的了解也非常模糊。只知道他 1907 年出生于大阪，其他就不清楚了，甚至连他在什么地方上学的资料都没有。从中田发表在斋藤的《书物展望》（第 45 号，1935 年）里《从作家的立场上》一文中，得知中田是自学成才的。早在 1933 年 8 月，中田一男在《水绘》（第 318 期）上就发表了《创作藏书票的技法》，提出了"创作藏书票"的概念。并在《从作家的立场》中，再次呼吁藏书票制作要像创作版画一样，"自画、自刻、自印"即版画的全部工序由画家一人完成。并指出如果不是这样，会给藏书票的研究和普及带来诸多的不便，更不利于在国际上推广。因此，中田一男提出将由版画家们独立制作的藏书票定义为"创作藏书票"。

在正式投入到藏书票创作之前，1929 年中田创办了一本原创版画的杂志，由抒情社发行。由于后来中田把精力集中到藏书票的创作上，这本杂志只出版了 3 集。1930 年 5 月，中田创办了《EX-LIBRS》，自编自印。在创刊号上化名"名方"和"郎"，发表了 5 枚藏书票。第 3 期在当年 7 月发行，刊登了 3 枚藏书票。1932 年，中田一男从埼玉县搬回大阪，与相隔 20 年之久的父亲重逢。安顿下来之后，再一次募集藏书票爱好者会员，会费改为每月 1 元 30 钱，可收到 5 枚新版藏书票作品。到 1934 年为止，中田制作了 300 种左右的藏书票，但募集到的票主却不满 50 位，所以只好将多余的藏书票汇集成作品集发售，出版有《大阪的新名产》《乡土玩具号》等 20 多本创作藏书票集。

事实上，专业藏书票的创作活动一直没能改善中田的生活。但幸运的是，中田一直受到料治熊太、小塚省治、堀田和义和前川千帆等人在生活和工作方面的照顾，所以即使在遇到难以想象的困难时，中田也不气馁。1935年，中田以自己工作室版画工房的名义继续发行《EX-LIBRS》和募集藏书票爱好者会员，A、B 会员的会费依然是 3 日元和 5 日元，但印制数量从50 枚增加到了 100 枚，可见中田想采取薄利多销的方式来吸引会员。这一年，中田又制作了 100 种藏书票，并采购了日本美柔汀研究所制作的冲压机，准备制作铜版画。由于出版了杂志《EX-LIBRS》，让中田有缘成为日本藏票会的制作委员。可惜，那时日本藏票会已经不怎么活动了。也许是死神不忍心让中田继续过着如此极端贫困的生活，就过早地在 1938 年把中田召唤去了。

8 年的时间并不算太长，但中田一男以他的勤奋为日本的藏书票界画上了浓浓的一笔，留下了非常宝贵的作品。中田所提倡并身体力行的"创作藏书票"制作，已经是现代藏书票界的共识了。

小塚省治

在《明星》杂志首次介绍藏书票后的第二年，即 1901 年，日本藏书票协会会长小塚省治出生了。不过，由于几乎没有留下相关的资料，小塚身世一直都不是很清楚。只是在 1940 年出版的小塚著作《冲绳帽子沿革史》

里，有介绍显示小塚当时的身份是神户服部长商店的副支配人，且学历不低。此外，中田一男曾经在文章中也提到小塚是从事贸易的商社职员，精通外语。

2015 年，东京神保町的一家旧书店收进了几箱小塚省治的收藏品，其中有大量的东欧藏书票，如 1927 年波兰出版的 *Ekslibrysy Karola Hillera* 等。藏书票本来是非常小众的作品，小塚能拥有这么多的藏品，可见在商社工作的小塚经济上比较富裕，同时对藏书票又是非常痴迷。难怪创办了《藏票趣味》杂志的大阪木板社老板山口得三会邀请小塚领衔成立日本藏书票协会。这个协会于 1933 年成立，小塚省治担任了会长一职。

或许受到斋藤昌三出版《藏书票之话》的影响，小塚省治也希望日本藏书票协会不仅是藏书票爱好者的俱乐部，还要具备收集资料和研究的功能。他在《日本藏书票协会年报》（1933 年）中提到：日本藏书票协会将提供具有历史意义的、有趣的贵重资料，制作、介绍一些具有艺术品鉴赏价值的藏书票，从而推进藏书票的普及。基于这样的理念，日本藏书票协会在 1933年创办了双月刊《藏票趣味》杂志，连续发行 40 期以上。这份杂志为日本藏书票的历史调查和学术研究保存了完整的资料。

图 1-3-5
票主、制作者：小塚省治
（木版 7.2cm×6cm
20 世纪 30 年代 ）

图 1-3-6
票主：高桥友凤子
制作者：小塚省治
（木版 8cm×7.5cm）

《藏票趣味》杂志每期上都贴有藏书票实物，记录藏书票协会的活动，介绍藏书票文献和国内外各种藏书票的资讯，也欢迎藏书票爱好者、研究者的投稿。当时，协会制定了杂志每期发行 60 本的目标，但实际上每期只发行了 30 本左右。之所以会出现这样的情况，有可能和协会过分强调了资料收集和专业性研究的主旨有关。实际上藏书票爱好者并不一定热衷这些，他们希望有更多的交流和交换的活动。

除了出版杂志，小塚省治也组织募集票主来定制藏书票，并把这些藏书票作品集结成册发行。从 1933 年开始，日本藏书票协会连续 6 年发行了《日本藏书票协会藏票集》，发行量从 70 册到 200 册不等。

《日本藏书票协会藏票集》第一集中特别刊登了第一届会员名单及藏书票制作技法，并注明了出品藏书票的会员姓名、住址、作品名称及制作者等资料。根据这些数据可以了解到，收录的 43 名票主中有 11 人是居住在日据时期的朝鲜，除一枚由片山义雄制作之外，其余的藏书票都是小塚制作的。可以说，小塚不仅是藏书票的收集者，也是制作者。利用在商业上的人脉关系，小塚于 1934 年前后访问了朝鲜，因而以朝鲜为题材的藏书票多次出现在《日本藏书票协会藏票集》第一集到第四集里。为此，当时在朝鲜的《京城日报》上特别刊登了《日本藏书票协会藏票集》的出版介绍。

但是，命运似乎并没有眷顾这位忘我传承藏书票的人。1938 年关西水灾淹到了小塚的家，小塚的健康这时也出现了问题。更为困难的是，日本当时战云密布，物资缺乏，各类纸张也归为配给供应，印刷质量更是每况愈下，要出版艺术类杂志已经非常困难了。小塚省治在 1938 年以后就再也没能力组织藏书票集的制作了，《藏票趣味》杂志也只是在勉强维持。最终，在日本准备发动太平洋战争的时候小塚省治撒手人寰，年仅 40 岁，英年早逝，令人惋惜。

作为日本藏书票的启蒙者和传承者，小塚省治为之工作到生命的最后一刻。由于小塚也制作藏书票（图 1-3-5、图 1-3-6），所以日本的版画家名鉴里收录了小塚省治的条目。

织田一磨

在很多资料里都称织田一磨是日本近
代著名的石版画家，但却很少有人提及织
田制作的藏书票。实际上，织田还是日本
最早组织藏书票会的人，从藏书票史的角
度来看，是绝不能忽视的。

1920 年，织田组织了藏书票会，比斋
藤昌三等人组织的日本藏票会还早了 3 年。
其实，织田制作藏书票更早，现在可以看
到的织田最早的藏书票是在 1910 年制作
的，不过那是印刷在《日本阿尔卑斯》（小
岛乌水著）第 1 卷扉页背面的藏书票。藏
书票图案是一朵石楠花，下面有双钩字体
的 "EX LIBRS U.K"（图 1-3-7）。小
岛乌水喜欢石楠花，在《日本阿尔卑斯》

图 1-3-7
票主：小岛乌水
制作者：织田一磨
（木版）

第 3、4 卷上都采用了这个图案。小岛在委托织田为《日本阿尔卑斯》作插
图的时候，是这样要求的："您可以随意地画，但一定要加上与山有关系
的植物及昆虫。"虽然小岛的要求写得很清楚，但并没有提及藏书票。不过，
将插画画成藏书票恐怕是那个时代的时髦风气吧，桥口五叶在《漾虚集》
里也画过藏书票样式的插图，所以织田也用藏书票的形式来装帧了这套书。

虽然《日本阿尔卑斯》里的藏书票是直接印刷在书籍上的，并不是真
正的藏书票，但这样的尝试给织田制作藏书票做了极好的广告，织田后来
也因此接受票主的委托，开始制作藏书票了。为此，织田还专门成立了自
己的工作室：蝴蝶犬图案社，并制作了画有几只蝴蝶的藏书票。图案上面
是 EX-LIBRS 的文字，下面写着蝴蝶犬图案社的文字，可以看作票主的名
称，是一枚真正的藏书票。1917 年，织田登出过这样的广告："用日本纸

印刷 100 枚藏书票，委托价格为 5 日元，用三色彩色印刷 100 枚为 8 日元。"
结果反响非常不错，据织田自己的回忆：广告刚登出，美术史学家、文学
博士会津八一就向他发出了藏书票的订单，希望制作一枚贴在希腊研究著
作专用的藏书票。织田就为他制作了一枚 2 色印刷的希腊图案的石版藏书票。
为了普及藏书票，织田在《瑞穗》杂志上还发表了一篇《关于藏书票》的文章，
在文中也透露了当时有不少票主委托他制作藏书票。从现有的资料来看，
1931 年织田搬家到东京的吉祥寺后，仍陆续有人委托他制作藏书票，其中
有他的好友野田宇太郎。

织田一磨为自己也制作了不少藏书票，图案有昆虫、野草、洋灯、佛像等。
搬到吉祥寺以后，织田喜欢上登山运动，从吉祥寺坐上中央线，约半个小
时到八王子，再转车就可以进山了。因为喜欢登山运动，织田为自己也制
作了以山为主构图的藏书票。

当然，对织田一磨来说，制作藏书票只是利用了碎片时间，因为他的
主要工作还是版画创作。织田的父亲曾经在石版印刷厂和大阪市役所图案
调制所工作，所以从小就受到影响，当他看到艾米尔·奥立克的彩色石版
画后，决心成为一名石版画家。从 16 岁开始，织田一磨跟着哥哥织田东禹
学习石版画技术。1907 年参加美术杂志《方寸》的出版活动，并发表版画
作品，从那时起开始正式走上了创作版画的道路。1922 年以后，受到平塚
运一的影响，织田转到了木版画的创作，1924 年又用传统浮世绘的技法创
作了一批新版画。不过到了晚年，织田又重新回到石版画创作，发表了一
批花鸟画和风景画。

织田是藏书票制作的先驱者，但更是一位著名的版画家，其版画家的
光环完全遮盖了他作为藏书票制作者的贡献。从文字记录来看，织田应该
制作了不少藏书票，但现在基本上查看不到，几乎只能在《银花》杂志第
33 期刊登的《石版画诗人·织田一磨的世界》专辑里，看到 9 枚织田的藏
书票而已。

料治熊太

在日本古美术和民艺界有着一席之地的
料治熊太对藏书票也作出了很大的贡献。20
世纪 30 年代，他曾经主持发行版画同人杂志
《藏书票》，在当时也算是走在时代前列的人。

在《藏书票》杂志创刊号的后记里，料
治熊太写有如下一段文字：我们希望有很美
的藏书票，但是到目前为止，这样的藏书票
看到的并不多。如果拿一枚粗糙的藏书票贴
到书籍里的话，反而会降低书的品位。斋藤
昌三撰写的《藏书票之话》虽然是一本很有
意思的著作，但里面介绍的藏书票基本上都

图 1-3-8
票主：料治熊太
制作者：栋方志功
（木版）

不太有意思，那是因为那些藏书票都是由熟练的雕版工人制作的，缺乏版
画的生气，就好像在糖果店里看到的商标一样。雕版如果没有生气，那么
就不能称之为艺术。哪怕是一个字，刀法就可以定其生死。我们这一班人，
为了让日本也成为一流的文化国家，希望能制作出不劣于欧美的具有虎虎
生气的藏书票。我们现在的工作也算是一个基础工作，希望有更优秀的作
家能踏着这个基础制作出优秀的作品。正是基于这样的希望，我们每个月
都将发行这本《藏书票》杂志。

从这段文字中可以看到料治对藏书票所寄托的希望，也可以看到他在
日本藏书票草创时期的贡献。《藏书票》杂志创刊号里附录了栋方志功、
谷中安规、中田一男、板佑生、小林朝治、佐藤米次郎等制作者的藏书票
作品，这些制作者日后都是享有盛誉的大画家。作为版画家，料治以"朝鸣"
这个雅号制作和发表了一些木版多色藏书票，可见他也在身体力行地推广
和普及藏书票。

《藏书票》杂志由白黑社以会员形式发行的，会费为 50 钱。为了区别

与中田一男的《藏书票》杂志，杂志后来改名为《版画藏票》继续发行。由于相关资料的缺乏，有关这本杂志的具体发行状况不得而知，只知道发行了 10 期。正如料治在创刊上写的，发行杂志《藏书票》实际也是在培养和挖掘后起之秀，给他们提供活动的阵地，同时也给他们带来了一定的经济收入。20 世纪 30 年代推广普及藏书票并不容易，《藏书票》杂志第 2 期的后记里增加了制作藏书票的广告内容：需要藏书票的人请联系本社，藏书票 100 张起印，定价 3 日元。每增印 100 枚增加 1 日元，3 色印刷的价格与黑白的价格相同。实际上，栋方志功在 1934 年也刊登过制作藏书票的广告，那时的价格为 500 枚 10 日元。《版画藏票》杂志的藏书票制作广告大概是为刚出道的版画家们出的。当时 5 日元的价值大概相当于现在 15000 日元，与现在的藏书票制作相比是相当便宜的，只是能不能募集到更多的票主就不得而知了。1938 年，中田一男病故，《版画藏票》特别出了一期《中田一男纪念特刊》，为这位日本藏书票界的先驱进行了哀悼。

以古美术研究家、收藏家而闻名的料治，在昭和（1926 年 12 月 25 日—1989 年 1 月 7 日）初期还编辑出版了版画杂志《白与黑》和《版艺术》杂志，著作有《古陶之美》。对版画、古陶、藏书票的热情，都是源于对美的热爱。据料治女儿的回忆，爸爸妈妈非常恩爱，就寝的时候还手牵着手，这对 1899 年出生的料治来说无疑是非常浪漫的。实际上，无论生活是风调雨顺还是风吹雨打，料治一直没有放弃对美的追求，而料治夫人也一直在后面忍耐承受，默默地支持。版画家大野隆司为此曾经赞叹说，或许正是因为对美具有独到的眼光，料治才娶到了这样一位妻子吧。

1965 年，中央公论美术出版社曾经复刻了一本料治熊太编辑的《秋草道人墨戏图》，里面附赠了一枚藏书票（图 1-3-8）。这枚由栋方志功为料治熊太制作的藏书票，贴在秋草道人的墨迹图书上，真可谓三星璀璨，相得益彰。

志茂太郎

如果说经营酒店的志茂太郎与藏书票有奇缘的话，那就是他恰好在日本正式介绍藏书票的 1900 年出生的，是和日本藏书票一起成长起来的。到了不惑之年，他组织创办了日本书票协会。

虽然志茂出生在一个酿造日本酒的家庭，后来他自己也经营酒业，不过他更热衷于出版，是一位对书籍美化一直抱有强烈兴趣的出版家。童画家武井武雄回忆起他第一次见到志茂时说："大概是昭和 11 年（1936 年），拿着恩地孝四郎君的介绍信，穿着一身和服的某商店老板出现在我眼前，他就是志茂太郎先生。恩地君在介绍信里提到，这位先生热衷于制作精美的书籍，但对赚钱并不热心……"恩地的这句话入木三分地刻画出了志茂的志向。在遇到川上澄生的前一年，即 1935 年，志茂设立了葵书房，并创办了《书窗》杂志。他在《书窗》杂志创刊号的编辑后记里表达了这样的心声："葵书房完全是我的兴趣爱好，对我来说，要靠书来赚钱的念头是一次也没有出现过的。这本杂志预收大家的会费绝不是我个人的财产，我只是想要把这份杂志办好，哪怕是补贴一点也在所不惜。和大家一起愉快地享受书籍带来的快乐，就是我的真实想法。"

虽然当时日本正在向军国主义的道路迈进，很多人更热衷赚钱，但志茂始终没有改变他对美化书籍的一贯信念。为了把《书窗》办成当时日本最美的杂志，志茂在日本刚刚出现照相制版机后就立刻引进了这种机器，用照相制版排印了《书窗》杂志。实际上，恩地孝四郎、武井武雄等人为葵书房和杂志也付出了很多心血，特

图 1-3-9
票主：志茂太郎
制作者：大本靖
（木版 1981 年）

别是恩地等版画家在编辑、设计装帧、插图方面也为这本杂志增添了很多
光彩。

《书窗》的成功让志茂更有底气去组建日本藏书票爱好者的组织了。
日本藏书票协会在 1941 年停止活动后，藏书票爱好者失去了重要的交流平
台，而对藏书票无比执着的志茂决心重起炉灶，为日本的藏书票爱好者再
建一个交流的平台。1943 年，日本书票协会的前身——爱书会终于成立了，
志茂太郎更是创造性地开始面向会员发行书票历。

在太平洋战争日本败色渐浓的时候，志茂不得不关闭了在东京的葵书
房，疏散到老家冈山县后就再也没有搬过家。但志茂坚持发行书票历，仅
在 1945 年短暂中断过。20 世纪 60 年代，日本出现经济增长的奇迹，更多
人经济条件提高，书票历的会员迅速增加，最后超过了千人，成为世界上
藏书票组织会员最多的一个。

会员的增加当然是喜事，然而不断增加的会员人数却使得步入老境的
志茂不堪重负，因为书票历基本上都由他一个人在筹划和运营，一千多份
书票历的制作和邮送渐渐地使志茂感到力不从心，决心隐退。1977 年，志
茂太郎邀请藏书家同时又是藏书票爱好者的坂本一敏来接手了日本书票
协会。

对于日本藏书票发展，志茂太郎有三大贡献。第一是创办了书票协会，第
二是用"书票"一词来翻译定义 Exlibris，1943 年发表在随书票历一起发行
的《爱书会通讯》里。后来岩波书店《广辞苑》（第 2 版）、小学馆的《国
语大辞典》也分别收入"书票"一词。第三是创造性地企划了书票历，从
1943 年开始一直延续发行到 2020 年。

1981 年，芹泽銈介、关野准一郎、金守世士夫、武井武雄和大本靖各
制作了一枚藏书票（图 1-3-9）来纪念已故的志茂太郎。

恩地孝四郎

　　出生在法官家庭的恩地孝四郎并没有按照父亲的意愿去学医,而是报考了东京美术学校(即后来的东京艺术大学),在那里学习了油画和雕塑,很快就崭露头角。入学第二年,恩地孝四郎和竹久梦二一起创办了《都会素描》杂志,也是从那时开始,恩地孝四郎承接了出版社设计封面以及和书籍关联的装帧工作。之后,恩地对德国表现主义画家康斯坦丁的抽象版画产生了共鸣,开始试创作版画。1918年,他与山本鼎、织田一磨等创立了日本创作版画协会,1927年日本最权威的展会帝国美术院展览会首次接纳版画,恩地孝四郎的作品也入选其中。从那之后,很多年轻画家投奔到恩地门下。

　　20世纪20年代初,恩地孝四郎对藏书票产生了兴趣,在编辑《诗与版画》杂志时就出版过藏书票专辑,希望引起日本社会对藏书票的关注。恩地后来回忆说,当时翻阅很多资料,并没有找到日语的藏书票资料,只找到一本德语小册子。借助字典大致读了一遍,但那本书后面附着的藏书票文献和作品统统都远在天边,不知道什么时候才能看到,心底升起一股莫名的憧憬。这段回忆十分真实地反映了当时的真实情况,实际上到1929年斋藤昌三出版《藏书票之话》之前,有关藏书票的日文资料确实少之又少。恩地以艺术家独有的眼光看到了藏书票的魅力,不遗余力地进行宣传和推广,有不少版画家就是通过阅读《诗与版画》中对藏书票的介绍,才开始制作藏书票的。

图 1-3-10

票主:小鸭龟吉

制作者:恩地孝四郎

(木版　7.8cm×4cm　1951年)

图 1-3-11
票主：W.C.Hartnett
制作者：恩地孝四郎
（木版　5.3cm×9cm 1947 年）

恩地孝四郎不仅自己制作藏书票（图 1-3-10，图 1-3-11），而且还培养了很多愿意制作藏书票的版画家。1939 年，恩地和关野准一郎等人组织了版画学习所"一木会"。参加"一木会"活动的版画家都曾制作过藏书票，有织田一磨、前川千帆、平塚运一、稻垣知雄、木村庄八、川上澄生、山口进、畦地梅太郎、山口源、北冈文雄、初山滋、斋藤清、若山八十氏、守洞春等，"一木会"一直活动到 1950 年。

1935 年，恩地孝四郎和志茂太郎合作创办了《书窗》杂志，由于恩地担任起杂志的美术设计和装帧工作，使得这本杂志被誉为当时日本最美的杂志。《书窗》第 18 期和第 28 期为藏书票特集，介绍了日本当时的藏书票情况。恩地为日本书票协会的书票历一共制作了 10 枚藏书票。第一枚是在 1943 年，也就是书票历创办的第一年制作的，图案比较具象，最后一枚是为 1955 年的书票历制作的，是一幅近乎抽象的小版画。也就是在那一年，恩地去世了。从这里也可以看到，恩地一直到生命的最后时刻还依然关心着日本藏书票。

与川上澄生、前川千帆等高产作家相比，恩地孝四郎制作的藏书票显得很少，包括《书窗》杂志上刊登的在内，一共约 50 枚。但是，由于恩地在日本版画界的地位和影响力，他在日本藏书票界也发挥了难以替代的重要作用。

佐藤米次郎

版画家佐藤米次郎是中日版画交流的先驱，1993年，中国为了表彰佐藤用版画交流的形式促进了中日友好的功勋，向他颁发了鲁迅奖。

佐藤米次郎是受斋藤昌三的影响后，走上了藏书票创作道路的。1929年，14岁的少年佐藤在图书馆看到《藏书票之话》这本书后，立刻迷上了藏书票。他从图书馆借出这本经典之作，回家后用了整整4天时间，从头到尾把这本名作抄写了一遍，并一丝不苟地把里面的藏书票全部临摹了一遍。

体弱多病的佐藤进入中学后就已经休学，但是他开始学习版画，并和他青森中学的同学根市良三、柿崎卓治一起发行了创作版画杂志《绿树梦》，持续发行了好几年。在创办版画杂志的第二年，佐藤又编辑发行了《版画藏书票》，这份杂志先后发行了30多期。1940年，佐藤跟着哥哥搬家到朝鲜的仁川府。在朝鲜，佐藤继续创作版画和制作藏书票，并在汉城（今首尔）组织举办了藏书票展览会。织田一磨、牛田鸡村、太田临一郎、恩地孝四郎、川上澄生、关野准一郎、武井武雄等日本藏书票界的先驱人物纷纷参展，这次展览会在日本藏书票历史上也是一次重要的活动。

日本投降后，佐藤也不得不离开朝鲜回到故乡青森县。在他回来的时候，尽可能地带回了全部的版画和版木，和他的哥哥成立了一家小出版社，发行儿童杂志《陆奥之子》。之后常年在青

图 1-3-12
票主、制作者：佐藤米次郎
（木版 11cm×10cm 1990年）

森县的中小学举办版画讲习会、童话会、儿童画展等活动，为普及儿童文学做出了很大的贡献。1973 年，日本童话协会为佐藤颁发了功劳感谢状，以表彰他对儿童文学普及工作的贡献。此后，佐藤获得了包括日本政府颁发的"文部大臣奖"等各种奖项。

在此期间，佐藤一直没有中断过的工作就是制作藏书票。据不完全统计，佐藤为 1000 多名票主制作过藏书票，出版的藏书票集也超过了 20 种。他还缩小复制了包括中国作品在内的世界藏书票，为信息不十分畅通的日本东北地区的藏书票爱好者提供了宝贵的资料，对扩大藏书票的影响，吸引更多的藏书票爱好者发挥了重要的作用。

佐藤制作的藏书票主题主要有人偶、苹果、女孩、乡土玩具和煤油灯等，画面健康明快。佐藤曾经说过，版画制作是一种重体力劳动，而制作藏书票这种小型的版画轻松愉快，所以非常热爱制作藏书票和豆本（小型书籍）。

虽然佐藤一直在日本东北地区普及藏书票，但他也参与了日本藏书票界的各项重要活动。日本书票协会企划的《藏书票12家集》一共发行了7集，除了第 2 集之外，其他各集里都能看到佐藤的作品（图 1-3-12），可见他在日本藏书票集的地位和影响。

第二章

日本藏书票欣赏

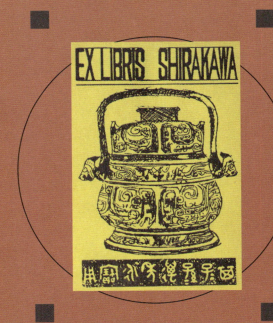

1. 如何欣赏日本藏书票

审美眼

　　藏书票本来是贴在书里显示个人藏书的一种标记，然而随着藏书票制作技艺的不断进步，方寸大的藏书票俨然成为一种微型版画，充满了艺术气息，让人着迷。日本是一个善于吸收学习的国家，当西洋藏书票传到日本之后，与日本的传统艺术相互碰撞，迸发出充满浓郁日本风味的藏书票。如果用一个词来概括日本藏书票特点的话，那就是"多姿多彩"。

　　比如就藏书票的主题而言，在日本可谓应有尽有，似乎一切都能拿来做藏书票的主题。从创作手法来看，从具象到抽象，从图案到文字，不断推陈出新。在制作技法上不仅吸收了西方版画的各种技法，还增加了日本传统的型染等技法。特别是在造型和色彩方面，日本藏书票受到了传统的日本画和浮世绘等影响，更是戏谑诙谐、绚丽多彩。毫不夸张地说，日本藏书票的主题之多、技法之全、色彩之艳，在世界藏书票界里都是首屈一指的。

　　或许正是因为日本藏书票的多姿多彩，让人有目不暇接、眼花缭乱的感觉。不过，艺术来源于生活，生活需要有审美眼。有了自己的审美眼，去欣赏日本藏书票就毫无问题了。

　　日本藏书票爱好者土屋正男在著作《书票欣赏》中有一篇题目为《审美眼》的文章，介绍了日本茶圣千利休的审美观：有一次，千利休举办茶会，客人们坐在茶室外面等待开始。这时，突然下起了大雨，一会儿雨过天晴，雨后的树叶分外翠嫩，让客人们美美地享受了一番。待大家入席之后，却没有看到通常在茶室中都会放置的插花，有的只是墙上被打湿的一片水迹。大家都觉得很奇怪，因为那场大雨虽然大但应该不会漏到茶室墙壁上的。最后千利休说明了缘由，他说进茶室之前客人们已经被大雨洗出的翠色所陶醉，这时茶室里插任何鲜花都已不适合了，只有用水打湿的墙壁才能衬托雨后的清新。这就是千利休的审美眼。

　　从千利休的审美观可以知道，审美其实没有一成不变的规定，而是需要随势而变，因景而生。欣赏日本藏书票也需要这样的审美眼，只有结合了票里票外的各种因素，才能领略到日本藏书票独有的风韵。比如，日本画家伴飚制作的"野佛"系列（图2-1-1），看似粗犷，实是纯朴。在日本江户时代，为了保佑各地的平安，或者保佑旅途的平安，日本各地的野外都有用石头雕刻的佛像，让大家遇到时可以祭拜。这些被称为野佛的雕

图 2-1-1　野佛

制作者：伴飚

票主：土屋文男

（木版手彩　6.3cm×9.5cm）

像放置在村前村后，都经历了上百年的风风雨雨，有的早已棱角模糊，但依然是日本国民双手合十认真祭拜的对象。如果了解了这样的日本传统文化，那么就会认为伴飙对野佛的描绘恰到好处，从而对他制作的藏书票产生一种亲切感。也有很多外国藏书票爱好者从这样的藏书票出发，去深入了解日本的文化，并慢慢迷上日本藏书票的。

不同文化背景下有着不同的审美观，产生不同的评价是必然的，所以我们无法简单地评价日本藏书票是精美还是粗糙的，是深刻还是浅薄的。但是，世界藏书票爱好者对日本藏书票都有相对一致的感受，那就是日本藏书票总会让人嗅到非常浓厚的日本文化气息，辨识度极高，在一堆藏书票里很容易辨别出哪一枚是来自日本的。

作为日本版画的一个分支，日本藏书票有着日本美术普遍存在的特征，那就是日本美术史学家、美术评论家矢代幸雄在《日本美术的特质》中总结的"平面性、装饰性、感伤性、日常性、游戏性"。

虽然藏书票可以当作小版画来欣赏，但与版画不同的是，藏书票的制作并非由制作者独立完成的，通常情况下是由票主来确定藏书票主题，再由制作者使用自己擅长的技法来完成制作的，可以说，藏书票是制作者和票主共同来完成的。当然，也有票主不提具体的要求，任由制作者自由发挥的情况，不过总体来说，藏书票的制作是在票主和制作者的交流和配合下完成的，所以在欣赏一枚藏书票时，不仅可以从美术的角度去欣赏，还可以从票主与制作者所在地区的传统文化、社会风俗、审美取向等多角度来欣赏，这也是藏书票欣赏所独有的醍醐之味。

当西方藏书票遇到日本绘画

欧洲藏书票传入日本后，日本版画家们迅速将这种艺术形式与日本传统的木版画技法融合起来，并注重与日本美术特质的糅合，形成了独具风味的日本藏书票风格。

根据藏书票研究家英国人克里夫·帕菲特的研究，相比欧洲藏书票的写实性、叙事性、严谨性，日本藏书票制作家更擅长营造气氛和抒情。的确，日本藏书票延续了日本传统绘画的精髓，强调把日本人特有的情绪作为"心象风景"描绘出来，那并不是现实中完全存在的风景，而是一种存在于心中的风景。

无论采用的是传统的木版技法，还是日本古老的型染技法，甚至是西方的铜版画技法，日本的藏书票制作家都擅长营造一个充满想象力和富有禅意的空间。看似朴素直白，但在方寸之间的画面中却依然能让人体会到空气、光、风、气味、声音、温度等这些并没有刻画在纸面上的元素，给藏书票增添了无限的延展性，让欣赏者游离在日常和非日常之间，回归自然，慰藉心灵。

比如，版画家金守世士夫的"湖山"系列藏书票作品备受日本藏书家们喜爱。金守用简洁流畅的线条和含蓄的色彩将湖山浓缩在藏书票中，尽显大自然宁静庄重之美。这枚题为《湖山与彼岸花》（图2-1-2）的藏书票描绘的是日本人回乡扫墓的秋分时节。每到秋分前后，田间小道到处可

图2-1-2　湖山与彼岸花

票主：今村秀太

制作者：金守世士夫

（木版　6.5cm×9cm）

以看到在日本被叫作彼岸花的红色曼珠沙华，象征热情、重逢的彼岸花被
风吹起，湖山也因此而灵动。票主今村秀太郎说这枚藏书票再次勾起了他
的思乡之情。金守出生于崇山峻岭环绕的日本北陆地区富山县，但在他制
作的藏书票里，看到更多的是波光粼粼的湖水、盛开的鲜花、飞舞的蝴蝶
和生动的鸬鹚。金守说那里不是黑暗的世界，也不是现实的世界，而是充
满生气和令人向往的世界。

　　《牧神的午后》（图 2-1-3）是版画家荻原英雄的作品。荻原英雄曾
经创作了"三十六景富士"系列版画而闻名于世，堪比浮世绘大家的葛饰
北斋，但荻原在票主金子为雄要求的"富士山或希腊神话"的两个主题中
选择了希腊神话。半人半兽的牧神是美、音乐与性爱的象征，在有些场合
被当作一个好色的负面形象来处理。荻原显然没有放大牧神邪恶的一面，
藏书票里手提一串葡萄的牧神挥舞着双臂，完全沉浸在秋天午后的欢愉里。
这枚藏书票虽然讲述的是西方的神话故事，但表现方式却是非常日本化的，
这样的表现手法也为众多的日本藏书票制作者所喜爱。比如，日本藏书票
中有一些源自日本佛教故事和民间传说中的佛像题材，制作者如栋方志功、
德力富吉郎、关野准一郎等版画家们往往不追求佛像脸部、服装的细部刻画，

图 2-1-3　牧神的午后
票主：金子为雄
制作者：荻原英雄
（木版　X1/4 6cm×9cm 1991 年）

更刻意不突出佛像的神性。而是以夸张变形的造型手法、看似随手涂鸦的方式来呈现出更接近人类相貌的稚拙佛像，应该说，这样的佛像更符合日本收藏者的审美取向。

"岁月留痕，怀旧之情"也是日本众多票主和藏书票制作者们共同追寻的意境，擅长将现实与非现实、抽象与具象共存于一个空间的日本藏书票制作家们，将生活中或已消失的街景、在他人眼中不经眼的玩具器物、故乡的山川河流等反复写入藏书票主题，以各自的艺术语言、大胆的颜色调配，在方寸之间营造出了充满岁月感的美，是能够经得起时间考验的、质朴的美。

日本藏书票的养分

川端康成在诺贝尔文学奖的颁奖典礼的发言中指出，他的文学之所以获得成功，是因为日本传统的美学观和自然观给了他创作的力量。日本藏书票制作者在创作谈中也频繁提到，正是以日本这片美丽的土地为原点，吸足了这片土地的养分并以此为骄傲创作了藏书票。或许，这也是日本藏书票作家热衷于用日本传承下来的板目木版、型染技法去创作藏书票、而日本的票主相对于铜版藏书票，更喜爱木版藏书票、型染藏书票的重要原因吧。

将一些日本藏书票并列在一起看，能让人联想到 14 世纪以后流行于平安时代的日本大和绘。虽然历经镰仓、室町两个时代，大和绘的风格稍有变化，但从《源氏物语绘卷》《信贵山缘起绘卷》等代表作品来看，线条洒脱、生动诙谐的画风就是贯穿其中的艺术精髓，对后来的狩野派、光琳派，直至 19 世纪江户时代的浮世绘都产生了深远的影响，在日本藏书票中也保留了深厚的大和绘的印记。

前川千帆的温泉浴女（图 2-1-4）系列、武井武雄的乡土玩具系列、川上澄生的南蛮系列、梶山俊夫的残梦系列以及大内香峰的北方生活系列，

图 2-1-4　浴女
票主：加贺山 升次
制作者：前川千帆
（木版 5.7cm×4.8cm　1949年）

图 2-1-5　西瓜
票主：山田庆七
制作者：横田稔
（铜版手彩　7cm×5 cm 1984年）

无一例外地都散发出大和绘的意趣、拙朴和天真。不仅是木版技法、型染、合羽版藏书票是如此，即使是使用铜版技法的藏书票也是如此，铜版画家池田满寿夫的"变形"、横田稔的"博物志"（图2-1-5），线条活泼，色彩轻快，极富治愈感。

也有许多日本藏书票的主题直接来源于日本的民俗画大津绘。大津绘，俗称鸟羽绘，源起江户时代初期的滋贺县大谷、追分一带，在江户时代迎来了全盛期，并成为往来江户和京都旅客的礼品和护身符。大津绘画面滑稽谐趣，画题多达一百多种，通常还会添上诗歌。大津绘以黑、朱、黄土、绿色、白、茶六种本土颜料为基本色调，以讽刺幽默的方式描写神佛、人物、动物，意在反映人世间的事物，在现代日本仍非常受欢迎。

德力富吉郎制作的这枚题为《马乘若众》（图2-1-6）的藏书票就是大津绘中的经典主题。画面中一个穿着盛装的年轻人骑着装饰一新的黑马，威风凛凛，像是在赶赴神社庙会。早在公元3世纪的崇神天皇时代，日本

图 2-1-6　马乘若众
票主：主佐佐木康之
制作者：德力富吉郎
（木版　8.7cm×7cm　X1/4 1992年）

就有祭神时献马的风俗，所以作为民俗画的大津绘神马主题是不可或缺的。
收到这枚藏书票后，票主佐佐木康之在感言中写道：在这长宽不到10厘米
的小空间里，仿佛有个时间机器，让江户或室町时代的青年骑马来到了现
代社会，使人情不自禁地兴奋起来。藏书票的最大妙用，就是让我从忙碌
的日常生活中偷得浮生半日闲。

　　一方水土养一方人，日本的藏书票制作者们汲取日本传统文化的精髓，
结合现代社会的发展潮流，为藏书票爱好者制作出了大量令人爱不释手的
藏书票。

艺术摸索的体现

　　西洋藏书票随文明开化进入日本，得到了日本的喜爱，但日本文人长
期以来对藏书印的钟爱也并未减退，所以出现了许多集西洋藏书票和东方

图 2-1-7 平塚藏书
票主、制作者：平塚运一
（木版 X1 5.5cm×5.5cm
1986 年）

藏书印特征于一体的藏书票。藏书票上既有 Exlibiris，又有汉字"藏书""藏"。或是在藏书票中省略 Exlibiris，直接使用汉字"藏书""藏""图书""文库"，平塚运一、樋田直人等制作者更是直接用篆刻手法来制作藏书票。

平塚运一的这枚篆刻型藏书票可谓是此类藏书票的典型之作（图 2-1-7）。赭色和纸上端端正正地印着四个篆体字"平塚藏书"，在藏书票反面还盖了一个小印章。平塚是日本创作木版画运动的领袖人物，和栋方志功一起为日本木版画的发展作出了巨大的贡献。此枚藏书票收入在日本书票协会企划的《书票十二家集》（1986 年）的第一集里，当时平塚已是 91 岁高龄，是日本藏书票界最年长的作家了。平塚在随附的信中写道："藏书票是纸上宝石，把它镶嵌在喜欢的书

图 2-1-8 良宽的诗歌
票主、制作者：高桥辉雄
（木版）

里，翻开看到时怎么能不让人心动呢？"受到中国印章文化的影响，日本在相当于中国宋朝时期就开始使用藏书印，不过那时只是寺院和贵族阶层的特权使用物。直到江户中期，随着书籍的普及，一般民众也能使用藏书印，所以各种趣味性的藏书印开始盛行。应该说，用藏书印来制作藏书票，也和日本文人墨客长期使用藏书印的习俗有关吧。

　　把日本的和歌、俳句、汉诗等写入藏书票，也是日本藏书票制作者在内容上追求与日本本土文化融合的一种体现。和歌是构成日本人精神世界的一个重要组成部分，版画家、爱书家中更有擅长俳句、汉诗的高手。比如版画家高桥辉雄制作的藏书票里就时常出现良宽法师的诗句（图2-1-8），这些诗歌、警句与绘画的交相辉映，添加了藏书票的书卷气。

　　在藏书票形式上，日本藏书票制作者也勇于打破常规，除了长方形、正方形之外，他们还制作了不少异型藏书票。比如关野准一郎，涩谷修就制作了三角形（图2-1-9）、五角形、八角形的藏书票，武井武雄还发行了邮票型藏书票（图2-1-10）。

图2-1-9　裸女
票主：小池范夫君
制作者：涩谷修
（木版 7cm×10cm　1930年）

图 2-1-10　读书
票主 K.SEKINE
制作者：武井武雄
（胶版 3.3cm×4.3cm　1982 年）

　　喜欢改变风格、不断创新的书痴斋藤昌三还改变了藏书票的用途，把藏书票当作版权检印票使用。1975 年之前，日本的书籍版权页上都会贴有检印票，是作者用来确认出版社印刷数量，防止盗版的手段之一。谷崎润一郎、川端康成等有自己独特的检印票，而用藏书票替代检印票可谓别出心裁。斋藤在 1944 年出版的《书斋随步》的版权页上贴了《少雨庄爱藏》的藏书票，并标明"以藏票代检印票"。

　　虽然藏书票是个人的兴趣爱好，每个人的喜好也都不尽相同，但这样的爱好都是审美理念、生活情趣、生活态度的体现。从古到今，无论是日本早期几乎只有文字没有图案的藏书票，还是现代以图像为主，或是篆刻、诗文为辅的形式，都受惠于日本的自然风土和传统文化。日本藏书票制作者们为了能更好地体现日本票主的爱好，总是怀抱着天真烂漫的游戏心态来制作藏书票，也正是这种心态，使得日本的藏书票争奇斗艳，绚丽多彩起来。

2. 日本藏书票主题的欣赏

丰富多彩的主题

如同 19 世纪日本浮世绘在欧洲博览会上展出的情形，在 1982 年札幌举办的世界书票大会上，日本藏书票的集中亮相给世界藏书票爱好者带来了极其强烈的冲击。一位来自意大利的画家回忆说，日本藏书票打破了西方收藏家对藏书票的一般认识，给我们呈现了一个多彩的日本，我们非常乐见日本藏书票有不同于西方的艺术表现形式。

相比西方藏书票，日本藏书票迷人之处在于：主题广泛多元，颜色鲜艳多变，造型装饰感强烈，如同"迷你浮世绘"一般，几乎包含了与日常生活相连的各种内容，可以说是打开了另一扇感受日本社会文化的窗户。

日本藏书票题材广泛，但与欧洲常用的题材又有不同。大约从 17 世纪英国作家、政治家塞缪尔·佩皮斯（Samuel Pepys）开始，在西洋藏书票中出现了用隐喻的方式制作体现票主职业的主题。比如用锚象征海军军官，用面具象征演员，用羽杖象征医生，用天平象征律师，或是在书票里记载毕业的名校等各种私人信息。这些在藏书票研究家帕菲特看来都是自我表现与炫耀的主题，在日本书票里是很难看到的。帕菲特认为，一般来说是无法区分日本富有阶层和普通阶层的藏书票的，从藏书票上也无法看出票主的职业和经济状况。如果说有不同的话，那就是富有阶层可以请人气作家多做一些书票，仅此而已。所以虽然日本藏书票的主题五花八门，但日本一般票主并不希望把日常的工作融入自己的兴趣世界里，所以与职业有关的主题较少。

日本藏书票的主题主要集中在日本的四季之美、旖旎风光、各地的风俗趣事等生活场景方面，藏书票爱好者可以在日本藏书票里找到似曾相识的日本风景和日常用品，了解日本票主日常生活之外的乐趣。每一枚藏书票都有不同的故事和来历，也穿插了很多票主与制作者的各种轶闻趣事，挖掘这些轶闻趣事也是令藏书票爱好者欲罢不能的一种理由。正如日本一些藏书票爱好者所言，藏书票提供了另一条享受艺术的途径，能让人从日常生活的单调中逃离出来。或者可以说，藏书票的世界也是一个可以让人躲避现实无趣生活、发掘人生意义的理想之乡。

四季之美

日本历代文人墨客都偏爱借四季之美抒发情感，在俳句、和歌、日本画等艺术作品中都留下了精彩的笔墨，与之一脉相承，四季风景也成为日本藏书票中重要的主题。而多色木版画技法仿佛就是为表现日本四时风光而预备似的，在藏书票里日本版画家们用其成熟的木版画技法为我们展现了日本斑斓的四季。

从那柔和的和纸里时不时散发出阵阵乡愁，一声蛙鸣、一片落花、一枝老梅，日本藏书票制作者用写意、朴素的笔调描绘着这些身边小景，贴在书里，一点儿也不喧宾夺主。对于从日本各地来到东京追逐梦想的人来说，挑灯夜读之际，更容易引发思念之情。而散发四季之美的藏书票，几乎已成为票主和制作者对故乡思念之心的最佳载体。

《小彼岸樱》（图2-2-1）

櫻花是日本的象征，在藏书票里自然也不能缺少。樱花满开时轻盈如云，随风飘落时又让人感到世事无常，而充满无穷神秘感的夜樱，则让古往今来的日本人不能自已。所以，对藏书票作家来说如何作出新意也是一个难题。经济学家黄亚南诗云："观樱须旷野，对菊宜陋轩"，要在藏书票的方寸之间展现樱花之美，难度是非常大的。

图2-2-1　高远之樱
票主：坂井寿子
制作者：敦泽纪惠子
（木版 X1/4　9cm×6cm　1991年）

版画家敦泽纪惠子选择了票主坂井寿子熟悉的日本赏樱胜地，位于长野县伊那市的高远城。被指定为国家史迹的高远城又名兜山城，是古代日本信浓国伊那郡的城址。城址上种着数千株高远小彼岸樱，花型娇小，色泽比染井吉野略红，每到春天盛开之际，放眼望去整个山头一片粉红的花海，十分壮观，难怪被称为"天下第一樱"。

《下棋》（图2-2-2）

在日本空调还没有普及的时代，每到夏天的晚上，大家都会搬出小椅子到外面乘凉。而这个时候也是重要的娱乐活动时间，乘凉的人会三三两两地聚在一起摆摆龙门阵，或者打牌下棋，不亦乐乎。三井永一在这枚藏书票里描绘的正是20世纪日本夏天一个普通的纳凉画面。

只见两个日本将棋的爱好者穿着宽松的浴衣，在路灯下摆开棋盘，津津有味地对弈起来。虽然整个画面以深蓝色块为主，但一点也不压抑，反而很好地衬托出画面下方用欢快线条勾勒出的两个人热火朝天的对弈气氛。

图 2-2-2　下棋
票主：鹿山文库
制作者：三井永一
（木版 11cm×7cm）

三井继承了他的老师木村庄八的画风，传神地描绘出日本昭和时代的日常生活。这枚《下棋》就是其中的代表作。

《满山红遍》（图 2-2-3）

从英国移居日本的克里夫·帕菲特是一名藏书票爱好者，更是一名藏书票研究者，他对日本的热爱绝不逊色一般的日本人，这从他邀请诸多日本版画家为他制作的藏书票上也能看得出来。

这枚由版画家长谷川俊夫制作的《满山红遍》藏书票取景朴实，恰如其分地显示了日本秋天的美景。在秋天湛蓝的天空下，群山被树叶染成了一片红色，而群山的起伏又让红叶的颜色层次分明。近景是一片寓意丰收的果树，树上硕果累累，树叶的颜色分外妖娆。如此赞美丰收，一定是和勤劳的国民感情有密切的关联。帕菲特居住在日本偏远的山口县，那里保留了日本的传统之美，或许正是这个原因，让他更能体会到丰收的喜悦。

《流冰》（图 2-2-4）

北海道土生土长的版画家大本靖，对北海道静寂空旷的严冬情有独钟。当名票主金浜诚一要求制作藏书票时，大本毫不犹豫地选择了日本只有北海道才能看到的风景：流冰。

从天边不断涌来的
流冰形成了一片白茫茫
的世界，如何在方寸大
小的藏书票里表现出
这样的雄壮景色让大本苦
思冥想了很长时间，最
后，流冰相撞的声音激
发了他的灵感，藏书票
的构图也就呈现出来了：
流冰在不断碰撞后有的
高高隆起，威严冷峻；
有些地方又留下深深的
裂缝，露出深色的海水，
显得格外刺眼。但是，
在把这样寒冷景色绘制
到和纸上的时候，大本
却不知不觉地从藏书票
的画面中感到一股暖流
涌动心间，这大概也是
生于斯长于斯，对北海
道有着深厚感情的缘故
吧。画面上大本又描绘
了一个红色的灯塔，让
票主以及其他藏书票爱
好者也能立刻分享他的
感受。果然，日本东北
青森县出身的票主金浜

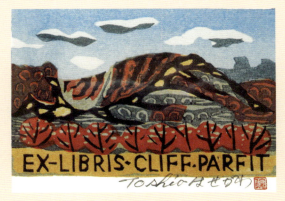

图 2-2-3　满山红遍
票主：克里夫·帕菲特
制作者：长谷川俊夫
（木版　6.5cm×10 cm）

图 2-2-4　流冰
票主：金浜诚一
制作者：大本靖
（木版　6.5cm×9.4cm　1967年）

对这枚藏书票也一见钟情，他也感受到了温暖，仿佛屋外的严冬已经远远
地离去。

峻山碧水

　　日本多山川湖泊、风景宜人，一年四季分明，景色截然不同，自然之
美是日本美学的一个特点，也是日本藏书票中一个的主要主题。在藏书票
里，我们可以领略到日本各地山川的景色，也能体会到日本人对大山的信仰，
以及对大海的热爱。有票主说，人生如同山脉，总会有起伏困难，但无论
如何到了明天都要拿出精神去奋斗，这既是对山的憧憬也是一种自勉吧。
同时，受惠于独特的地理条件，日本有着丰富的水资源，且通过大山的过滤，
水质非常好，可以直接饮用。上善若水，水的柔美也造就了日本人细腻的
情感，在日本的藏书票中我们也能感受到这份柔美和纯净。

图 2-2-5　富士山
票主：小鸭龟吉
制作者：川西英
（木版　6cm×4.5cm 1956年）

《富士山》（图 2-2-5）

　　被誉为"圣岳"的富士山不仅是日本
民族的象征，更是每一代日本艺术家不遗
余力创作的主题。当版画家川西英接到票
主小鸭龟吉制作藏书票的要求时，脑海里
出现的全是富士山。葛饰北斋曾经画过"凯
风快晴"的红色富士山，其出奇的表现力
让后人难以逾越。于是，川西英绘制了黄
色富士山，意在富士山的灵气。然而，川
西似乎难以割舍北斋的红色，所以，在和
北斋同样的蓝天上又加了几朵红色的云彩，
从而在藏书票的方寸之间完成了自己的富
士山创作。

这枚藏书票的票主小鸭龟吉是有名的票主，曾经遍请日本版画家为自己制作藏书票。而制作者川西英是有名的版画界前辈，这枚藏书票的主题也是日本具有代表性的主题，所以综合来看，这是一枚不可多得的珍贵藏书票。

《摩周湖》（图2-2-6）

寄情山水的日本爱书家往往也会以山川湖泊为主题，要求版画家制作藏书票。版画家平塚昭夫在接到这个命题后，回忆起20多岁时曾经去过的摩周湖。那天天气晴朗，站在高处可以眺望湖的全景和湖中的小岛。在设计初期，平塚曾考虑选用一些北海道的特产来衬托出摩周湖的神秘，比如黑熊、黑啄木鸟、北方狐狸等，但他总觉得这些动物在画面上出现，会破坏摩周湖的神秘感，所以最后仅选择了铃兰花。虽然在摩周湖周边并不能看到铃兰花，但铃兰花是北海道的代表性花，是北海道的高山上随处可以看到的花，所以添加在这枚以摩周湖为主题的藏书票里，并不会让人感到奇怪，反而可以让人一眼就认出这是北海道的风光。

在这枚藏书票完成后，平塚昭夫还特地描述了他想创造的意境：铃兰花仿佛是北海道原住民阿伊奴族的美女伫立湖畔，风吹过湖面，传来阿伊努族口琴的乐调，在这样的背景里，响起了布施明的歌《雾中摩周湖》……

图 2-2-6　摩周湖
票主：牧野弘幸
制作者：平塚昭夫
（合羽版　S4/7
10cm×5.4cm 2005 年 ）

《尾濑的风景》（图 2-2-7）

《自然公园法》确立后，日本于 1934 年开始指定国家公园，其中以湿地著称的尾濑地区被划进了日光国立公园。2007 年 8 月，尾濑地区从日光国立公园划分出来，成为单独的国立公园。而这枚描绘尾濑风景的藏书票被安排到这一年书票历的 7 月，实属机缘巧合，难以用语言表达。

当听说票主希望以尾濑的风景做藏书票的主题时，女版画家松原秀子的眼前立刻浮现出水芭蕉开花的初夏景色。实际上，尾濑四季的花草怎么画都是一幅美景，让人百看不厌，流连忘返。于是，松原以尾濑地区的主要山峰燧岳和淫羊藿为主题制作了这枚型染藏书票，呈现了一个沉浸在黎明春梦中的湿地公园。或许，这也是只有居住在尾濑附近的艺术家才能制作出来的一枚藏书票吧。

图 2-2-7　尾濑的风景
票主：三谷洋
制作者：松原秀子
（型染　S3/7　6cm×6cm　2007 年）

群芳争艳

花，可能是日本藏书票里出现最多的一种图案，有时候花就是藏书票的主题，而有时它只是其他主题的陪衬，因为它和日本国民的日常生活有密切关系。在东京旧城区，居民住宅几乎没有院落可以种植绿色植物，但是他们却想尽办法在门前屋后利用大大小小的盆钵种上各种花草，使得没有空余土地的住宅周围也能郁郁葱葱，鲜花不断。虽然在日本，男女之间送花的习惯还不普及，但花店却非常多，日本各地几乎每个车站旁边都有花店，生意也都不错，显然鲜花已经进入了人们的日常生活中。

日本藏书票制作者用日本传统的板目木版、型染和合羽版技法，在藏书票中为我们渲染出了鲜花盛开的景象。

《梅花》（图2-2-8）

樱花取代梅花成为日本象征性的花，是日本文化发展变化的结果。平安时代以前，日本的文人墨客、高官贵族争相吟咏的是梅花。在《万叶集》里，咏梅的诗歌多达一百多首。江户时期，幕府将军膝下的文人墨客爱在向岛梅园举办沙龙，因为那里种植了360株梅树。直到现在，对日本的文人墨客来说，咏梅仍是风雅和修养的象征，有很多人以梅花为号，比如大收藏家坂本一敏就把书斋命名为梅庵。

图 2-2-8　梅花
票主：坂本一敏
制作者：川上澄生
（木版 7.5cm×5.7cm）

川上澄生给坂本制作了很多藏书票，以白梅、红梅为题材的也有好几枚。川上以其老到的刀法，出神入化地刻画了朵朵绽放的梅花，让人感到仿佛有阵阵暗香袭来。坂本对此非常满意，特地制作了一本祝寿藏书票集，收入了川上的5枚藏书票，其中两枚就是以梅花为主题的。

《山茶花》（图2-2-9）

山茶花虽然是一种名贵的观赏花卉，但在东京的郊外还是可以经常看到的，不过，这也是多少年前的景色了。当日本版画家日和崎尊夫走在不断都市化的东京郊外，看到山茶花年复一年地减少时，不由心底莫名惆怅，而正是在这个时候，他接到了要求以山茶花为主题的藏书票定制，不由感慨万千。这是票主立野勇生平第一次定制藏书票，请的版画家就是他儿子的美校老师日和崎尊夫。

经过日和崎的精心制作，一枚雕刻精致的黑白藏书票终于送到票主立

图 2-2-9　山茶花
票主：立野勇
制作者：日和崎尊夫
（木口木版　X2　6.4cm×5cm
1980 年）

图 2-2-10　雨中的紫阳花
票主：美浦康重
制作者：横田稔
（铜版手彩　7cm×5cm 1984 年）

野的手里，日和崎忧心的山茶花在藏书票里亭亭玉立，栩栩如生。也就是在这个时候，喜欢藏书票已经有 38 年历史的立野终于感受到了做票主的醍醐之味。

《雨中的紫阳花》（图 2-2-10）

日本的梅雨季节，也是紫阳花绽放的季节。这些紫阳花原产日本，300 多年前被移植到欧洲，经过品种改良又回到日本，成了日本人普遍喜爱的花。紫阳花的颜色基本上是紫色的，但会根据土壤的酸碱程度而呈现偏红、偏蓝绿等多种颜色，所以日本人也叫它"七变花或者八仙花"。

梅雨阴沉而绵长，常常让人"哀怨又彷徨"。但是，在日本各地的街角一簇簇盛开的紫阳花，让人神清气爽。横田稔很巧妙地撷取了雨中紫阳花的一景，把它带进藏书票里。两个孩子撑着雨伞，嬉笑在雨中的花丛中，天真烂漫。当然，不会感受到《雨巷》般的惆怅。

藏书票是版画家横田稔十分喜欢的表现手法，用藏书票作插图出版了不少藏书票绘本。这枚《雨中的紫阳花》也被收录到他的藏书票作品集《博物志》里。

《花丛读书》（图 2-2-11）

　　藏书票里有很多是以女性为主题的，在这枚型染藏书票中，一副陶醉书本的女性形象印证了"书中自有颜如玉"这句话。红扑扑的脸蛋似一朵微开的花，跻身在花丛中读书，惬意万千，真是一种享受。松原秀子笔下的女性人物并没有巧笑倩兮，美目盼兮的妖艳，总是显得那么健康。人物的表情尤为精彩，利用型染技法中"阴刻和阳刻"以及和纸的柔和性，松原总能表现出人物喜怒哀乐中微妙的感情变化。

　　在京都学完型染版画之后，松原秀子和她的丈夫一起搬到了靠近日光的山里，那里既是日本北方植物生长的南限，也是南方植物生长的北限，可以欣赏到多种花卉。所以松原常说，是这些花草树木给了她艺术灵感。

图 2-2-11　花丛读书
票主：村上喜美子
制作者：松原秀子
（型染　S3/10　9cm×7cm
2006 年）

人文景观

　　在藏书票的方寸之间，不仅可以呈现小巧玲珑的事物，也能表现各种庞然的人文建筑，其中更为票主和藏书票制作者们喜爱的日本传统建筑，经常被拿来做藏书票的主题。我们可以看到很多寺庙佛塔、古城新馆进入了藏书票画面，还能找到一些具有纪念意义的建筑的身影。在这些藏书票里，或许也能做一次参观日本各地建筑的短暂旅游。

图 2-2-12　日本之藏
票主：河野英一
制作者：德力富吉郎
（木版　X1/5
7cm×6.3cm　1984年）

图 2-2-13　银阁寺
票主：山本信之
制作者：柳田基
（木版　X1/6　9.5cm×6cm　1988年）

《日本之藏》（图2-2-12）

大收藏家河野英一收集了大量的日本版画作品，比如川上澄生的版画作品就收藏了近2000件，并且他还决心要请所有在世的日本版画家都为他制作藏书票。

虽然在此以前，河野已经收藏了一些德力富吉郎的版画作品，1984年，河野还是找到了京都版画界泰斗德力富吉郎请他制作藏书票。鉴于河野的庞大收藏，德力富吉郎巧妙地设计了仓库建筑作为藏书票的主题，白墙、黑瓦、红门框，底座是大石头，这是日本标准的传统仓库，在日文里称为"藏"。藏书票中，德力富吉郎笔下苍劲有力的"如庵藏"文字，十分传神地显示了大收藏家的风范。毫无疑问，在河野众多的藏书票中，这枚藏书票的主题别具一格。

《银阁寺》（图2-2-13）

神道教是日本民族的传统宗教，而神社则被认为是神居住的地方，也是拜祭神的地方。根据传统，新年、七五三仪式（庆祝孩子成长、祈祷其今后身体健康的一种日本传统活动）、成人仪式和结婚等重要时间和活动，日本人都会去神社祈福。所以诸如神社、寺庙、僧人佛像、注连绳等，也是藏书票中常见的画面，版画家德力富吉郎、关野准一郎、渡部正弥、山口晴温、柳田基等创作了不少相关主题的藏书票。

京都版画家柳田基是藏书票研究家帕菲特极为推崇的日本藏书票作家。帕菲特评价说，柳田基不仅继承了浮世绘的传统技法，也创造出了自己作品的个性。柳田笔下的京都是一种无法用一句话概括出来的京都味道，把观者不知不觉带到了静谧的时间里。此枚藏书票描绘的是与金阁寺一起被列入世界遗产的京都银阁寺。朴素的银阁寺和灰白色的向月台把你带到了室町幕府时代，但那一抹艳丽的橙红色又把你从千年古都的故事里拉了回来。

《海边的街道》
（图 2-2-14）

岛国日本随处可见的是海边的小镇，这枚藏书票也表现了这般非同寻常的海边景色。传统的瓦房参差交错地接连一片，而排列有序的黑瓦让这些楼房看上去非常美观又结实，房屋的中间一条街道通向海边。不过，画面里几乎看不到人，这应该不是版画家故意的安排。实际上近年来，因为很多年轻

图 2-2-14 海边的街道
票主：本间要一郎
制作者：本间要一郎
（木版 11cm×6cm 1984 年）

人迁居到都市里，渔村、海边小镇的人口日益减少，让这些地方看起来多少有点荒凉。

这样的风景也是很多日本人故乡的风景，很少有人不被这样的风景打动。著名电影导演山田洋次在拍摄《寅次郎的故事》时，也曾为了寻找这样的风景跑遍日本。

藏书票的制作者选取俯视的角度，展现了日本传统房屋的美。虽然已没有昔日人来人往的喧闹，没有渔船进进出出的繁忙景象，但一片安详的小镇还是原来的避风港，可以给到访的人最大的安慰。

《大隈讲堂》（图2-2-15）

画家山高登常年在早稻田大学附近工作，每天都会看到象征早稻田大学的大隈讲堂。所以当票主关根秀次委托他制作一枚藏书票的时候，他立刻就想把主题定为大隈讲堂。大隈讲堂是为纪念早稻田大学的创立者大隈重信而建立的，2007年该建筑物被指定为日本的重要文化遗产。中国前国家主席胡锦涛、美国前总统克林顿和日本前首相小泉纯一郎都曾在此演讲。

虽然山高登几乎每天都看到此建筑物，但已经熟视无睹了，凭记忆怎么也画不好。于是等到大学入学考试结束后的一天，山高拿着写生本一个人去早大写生。此时大学已放春假，大隈讲堂前面的广场上空旷无人，

图 2-2-15　大隈讲堂
票主：关根秀次
制作者：山高登
（木版　7.5cm×5.4cm　1984年）

山高心无旁骛地做了写生。在这个基础上，山高制作了这枚藏书票。早大毕业的关根看到这枚很有气质的藏书票，感同身受。决定在他收集的书籍上都贴上此枚藏书票，以后再将这些藏书全部都捐献给母校。

八方之神

日本奉行万物有神论，山有山神，树有树神，石头有石神，凡是能看到的万物都有神灵，据说在日本神有 800 万之多。藏在日本书票里的神，不仅有日本的神，也有现代藏书票的故乡西方之神。藏书票爱好者不妨也入乡随俗，拜一拜八方之神。

《菅原道真天神》（图 2-2-16）

每到入学考试季，日本人都去神社祭拜菅原道真天神，祈求考试合格，学业有成。菅原道真是日本平安时代的贵族，虽然身为政治家，但也是大学问家、汉诗诗人。所以后世将菅原道真尊为天神、学问之神。除了考生要祭拜，日本的一般国民也都愿意祭拜这个天神，希望感染一点学问的气息。位于日本九州的太宰府天满宫里因为供奉了菅原道真本尊，所以在日本新年第一次祭拜时，能吸引从日本全国各地赶来的多达 200 多万的朝拜客，可见学问之神在日本民间的影响力。

图 2-2-16　菅原道真天神
票主：泉漾太郎
制作者：多留广
（木版　X1/4　9cm×6cm 1992 年）

木版画家多留广说，已经有很多作家创作过这个主题了，特别是武井武雄制作的天神藏书票让他感到自己难以超越。所以，多花费了很多时间，几易其稿，才完成了这枚四色的木版藏书票的制作，画面上的菅原道真天神威而不严，富有灵气，非常传神。

图 2-2-17　达摩不倒翁
票主：上村彰一
制作者：伊藤卓美
（木版　11.5cm×5.5cm　1986年）

《达摩不倒翁》（图 2-2-17）

传说达摩大师面壁九年，历经七灾八难才参悟成功，这样的不屈精神令人敬重，因此日本把达摩大师修行坐禅的姿态与传统玩具不倒翁结合起来，做成了日本独有的达摩不倒翁。达摩不倒翁的造型只有头部没有四肢，整体采用红色，脸部造型是长寿的龟形，描有象征吉祥的鹤形眉毛和象征平安的杉树型胡须。通常眼睛部分保留空白，以便让人许愿时先画一只眼，在愿望达成时再画上另一只眼。作为必胜开运的吉祥物，达摩不倒翁是深受日本票主喜欢的藏书票主题。

藏书票下方标注的群马高崎市是日本主要的达摩不倒翁产地，其产量占日本的 80%，相传离高崎市市区不远的少林山达摩禅寺就是日本达摩的发祥地。在藏书票中，版画家伊藤卓美特地注明这是一个无眼达摩不倒翁，好让票主也能默默许愿，然后在愿望实现时再画上眼睛。这枚藏书票既能收藏，又实用，深得达摩不倒翁意匠之妙。

《梦违观音》（图 2-2-18）

佛教自六世纪中叶传入日本后，就紧紧扎根在日本，并对日本文化产生了极为深远的影响。据统计，日本全国有 7 万多座寺庙，其中奈良的法隆寺是世界上现存最古老的木造寺院。日本版画收藏家河野英一是藏书票的超级粉丝，曾经邀请了日本乃至世界各地的版画家制作了很多藏书票。

面对这样的大收藏家发来希望以佛像为主题的藏书票制作委托，即便是著名版画家北冈文雄也不敢掉以轻心。经过一段时间的思考，他选择了法隆寺的梦违观音菩萨作为这枚藏书票的主题。

坐落在法隆寺大宝藏殿里的梦违观音菩萨立像是日本白凤时代（673—697年）代表性佛像，铜制镀金，庄严慈祥。据江户时代编纂的史料集《古今一阳集》记载，梦违这个名称是源于此观音像能将噩梦转为好梦的传说。而梦违这个富有诗意的名称也让北冈感慨万千不能忘怀，在藏书票中，沉稳的深芥末色观音像在浅绿色莲花图案的衬托下，显得无比温柔和亲切。北冈把从梦违观音那里感受到的纯洁之心和包容世人的深厚之爱都绘入了这枚藏书票。

图 2-2-18　梦违观音
票主：河野英一
制作者：北冈文雄
（木版　X1/4 8 8cm×6.5cm 1994年）

《圣阿波罗尼亚女神》

（图 2-2-19）

日本口腔外科的权威三浦不二夫指名要求宫下登喜雄为他制作一枚藏书票，且主题定为牙科医学的守护女神圣阿波罗尼亚。欧洲大约从中世纪开始，人们就会在牙痛的时候向这位

图 2-2-19　圣阿波罗尼亚女神
票主：三浦不二夫
制作者：宫下登喜雄
（木版　X1/3 9.5cm×7cm 2007年）

女神祷告。藏书票中女神一只手拿着拔牙钳子，上面还夹着一颗大臼齿，另一只手拿着赋予着好运和希望的棕榈树叶。宫下特意在远处背景设计了富士山，因为那恰好对上了票主的名字的谐音。

日本人擅长将外来文化融会贯通，诸如将罗马时代的女神和日本的富士山这样的东西方文化完美结合，这也是日本藏书票的特点。20世纪60年代以后，宫下开始以铜版和木版并用的独特技法创作版画和藏书票，这枚藏书票黑色部分采用了木口木版技法，颜色部分使用了板目木版套色印，显得端庄典雅。

人物百态

欧美藏书票有很多以人物为主题的藏书票，在日本藏书票中，这个主题也呈现出多姿的景象。有宗教人物、文学大家、音乐家等名人，也有健康男子、青春少年、农夫农妇等普通人物，还有一些是在文学戏曲、民间神话里登场的人物，对此，日本藏书票制作者都做出了精彩的诠释。

藏书票不可或缺的裸女主题在日本的藏书票里自然也不能缺少，日本的版画家们以一丝不苟的创作态度，加上少许的游戏心态，制作出很多赏心悦目的裸女藏书票，令藏书票爱好者爱不释手。

《日本盛装仕女图》（图2-2-20）

票主永井路子是日本著名的历史小说家，擅长写镰仓和室町时代的日本。永井写小说时，注重调查大量的历史资料，整理出比较完整的人物谱系，所以她的小说不仅故事引人入胜，而且还纠正了日本社会对很多历史人物的偏见。

井上胜江准备为永井制作藏书票的时候，脑海里浮现的就是挥之不去的《源氏物语画卷》。在参考了中世纪日本绘画艺术的代表作品、日本平安时代制作的《源氏物语画卷》后，井上绘制出了一幅色彩斑斓，线条舒

图 2-2-20　日本盛装仕女图
票主：永井路子
制作者：井上胜江
（木版 8cm×8cm）

畅的古代日本仕女盛装图。

选用这幅作品作为藏书票的主题，完全符合票主永井路子的历史小说家的身份和艺术成就，可谓意味深长。

《千利休》（图 2-2-21）

在方寸之间，日本藏书票制作者和票主还展现了众多杰出人物的风采，以表达纪念或仰慕之情。比如率领黑船舰队打开日本门户的佩里提督、中国的蔡伦、日本文学家官泽贤治、日本藏书票先驱斋藤昌三等，他们的肖像都被拿来制作过藏书票。

平塚昭夫是合羽版技法的大家。他采用了日本著名画家长谷川等伯画的千利休人物像作为此枚藏书票的主题，身后是插了一朵野花的竹筒，干净利落，十分传神。这枚藏书票背景鲜艳亮丽，让人一时无法将其与千利休的"侘寂"美学产生交集，但也让人觉得有着"日本茶圣"之称的千利休跨越时空来到了现代。

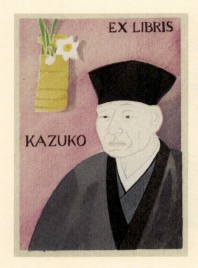

图 2-2-21　千利休
票主：森和子
制作者：平塚昭夫
（合羽版　S4/12　9cm×6cm　2013年）

图 2-2-22　相扑力士双叶山
票主：八木心一
制作家：松林元树
（木版 8.2cm×5.8cm）

千利休的美学产生于日本物质贫乏的年代，提倡追求心灵的充足意识。从生活中发现美，如果带着这样的意识去看万物，那么世间都是美丽的。善于发现的话，一朵野花、一枚书票就是满世界的美。

《相扑力士双叶山》
（图 2-2-22）

相扑属于日本的传统武艺，也是传统浮世绘中大家喜爱描绘的对象，以相扑、相扑力士为题材的浮世绘简称为相扑绘。

其中，横纲是日本地位最高的相扑力士，只有达到横纲的级别才允许在腰腹间围上一圈白麻编制的麻绳。在现代，为了突出横纲的品位和地位，比赛成绩不好就会被强迫引退。横纲还有一个特殊的权利，就是比赛前可以进入相扑角斗场举行仪式，这也是一次展示横纲力量和风采的表演。

这枚藏书票描绘的是出生于大分县宇佐市的双叶山定次的第三十五代横纲，曾有过69

场保持连胜不败的纪录。藏书票制作家松林元树制作了一套相扑题材的藏书票，一共选择了11位进入角斗场地举办仪式时的横纲，每一位横纲都是威风凛凛。日本书票协会会员八木心一有幸成为这套相扑藏书票11个票主之一。

《入冬准备》（图20-2-23）

由于憧憬竹久梦二的绘画而自学成才的胜平得之终生以家乡秋田县为题材，自画、自刻、自印地创作了大量色彩绚丽、独具风格的版画。同是秋田县人的爱书家高桥友凤子在藏书票还处在鲜为人知的年代，就邀请胜平为他制作藏书票了，所以，胜平也留下了大量的藏书票作品。

图 2-2-23　入冬准备
票主：高桥友凤子
制作者：胜平得之
（木版 9.5cm×7.3cm）

秋田县是日本著名的大雪地带，积雪比人还高。为了保护植物过冬，草绳是必不可少的物资。这枚藏书票描绘的是秋田人准备入冬的一个场景。大概因为这枚藏书票选景奇葩，又是名票主，所以斋藤昌三把这枚藏书票收进了他的藏书票三部曲中的《日本之古藏票》里，放在竹久梦二的《三味线草》藏书票后面，似乎是圆了胜平憧憬竹久梦二的美梦。

《裸女》（图2-2-24）

前卫派画家古泽岩美的超现实主义裸女画在日本堪称一绝，同时他也制作了很多以裸女为主题的藏书票，且声名远播。德国藏书家 Klaus Stiebeling 曾慕名去古泽的工作室请他制作藏书票。古泽的藏书票通常是用铜版蚀刻技法制作的，但是，这一次他给 Stiebeling 制作的裸女藏书票采

图 2-2-24　裸女
票主：Klaus Stiebeling
制作者：古泽岩美
（木版 9.5cm×7.5cm 1979 年）

图 2-2-25　刺青女
票主：立石信子
制作者：小林昙华
（铜版 10cm×7cm 1986 年）

用的却是木版技法。古泽之所以这样做，那是因为在二战之前他曾经用樱木板为书店制作过杂志封面，感觉比较得心应手。没想到，很长时间没有创作木版画了，木刻刀似乎并不那么听话。一身的冷汗让古泽不知应该欢喜还是悲哀，这促使他静下心来，仔细构图，认真刻画，从而诞生了这枚不可多得的木版藏书票。

古泽岩美的铜版画常常用飘逸轻柔的线条来表现婀娜多姿的女性之美，而这枚木版藏书票却是用黑色的色块来表现女性的健康之美。虽然色块凝重，但整体画面却非常飘逸，显现了古泽炉火纯青的艺术造诣。尽管与铜版画的风格迥然不同，但古泽的独特美学在这里依然得到了完美的诠释。难怪德国人票主看到后击节称赞，认为这枚木版藏书票的艺术效果可能是铜版画不能达到的，他的美学观受到了极大的冲击。

《浴后》（图 2-2-25）

小林昙华是日本藏书票制作家为数不多采用针刻技法的女画家，其主题以女性和花草为主。画面虽寥寥数笔，却能让人留下深刻印象。1979 年，吾八出版曾经为她编辑出版了一套《小林昙华铜版书票集》，其中以裸女为主题的藏书票占了一半。1986年，小林为日本书票协会的书票历制作了这枚《浴后》的裸女藏书票。

实际上，这枚藏书票的构图是从日本新版画运动的主要画家桥口五叶的代表作《女六题·出浴图》（1920年）的构图复制过来的。桥口在东京艺术大学学的是西洋画，但对日本的浮世绘也有很深的造诣，他的版画几乎都是浮世绘美人图，而这幅艳而不色的出浴图更是一幅典型的雅俗共赏的美人图。小林县华有意选取桥口的画意，也试图营造一种艳而不色的气氛，让原来比较私密的裸女藏书票也能堂堂正正地展现在公众的视野里。

妖魔鬼怪

力大无比的妖怪、吃人的恶魔，是日本物语、漫画中的常客，其基本定型为披头散发、头上长角、铜铃大眼、獠牙尖爪，有时还会配一把巨大的狼牙棒。虽说样貌凶神恶煞，但实际上在民间传说和乡土信仰中登场的日本妖魔鬼怪，往往被刻画成讨喜的模样，比如河童是传说中吃人的水怪，到了藏书票里也显得可爱无比。

《醉鬼小憩》（图2-2-26）

这枚藏书票制作者是日本著名的绘本作家梶山俊夫，其绘本《风之祭》曾获得BIB（布拉迪斯拉发图画书原画展）金奖。藏书票中的主角醉鬼沿袭了梶山俏皮戏谑的风格，一手拿着酒瓶一手捧着酒杯，虽然眼睛瞪得不小，但看那错乱的獠牙显然已经醉得不轻了。藏书票右边是票主的名字，而左

图2-2-26 醉鬼小憩
票主：西村喜邦
制作者：梶山俊夫
（木版 X1/5 9.8cm×6.5cm 1990年）

边的那句"子孙换酒亦可",大有"千金裘,五花马,呼儿将出换美酒"的英风豪气。日本不少文人墨客都喜欢这句"子孙换酒亦可",比如1910年前后担任早稻田大学图书馆馆长的市岛春城,他的藏书印上就刻有这句话,作家九谷才一、史学家小野则秋在他们的随笔和著作里也提到过这句话。

善于编故事的梶山说,如果纯粹使用绘画技巧来画,大家或许读一次就放下了,如果有故事,大家就会读得更加津津有味,这枚《醉鬼小憩》藏书票给你留下了深刻印象吗?

《源赖光大战酒吞童子》
(图 2-2-27)

在日本,以酒吞童子为题材的文学作品不少,如《大江山绘词》《御伽草子》,还有美术作品《酒吞童子绘卷》等。

相传酒吞童子是日本著名的吃人妖怪,为了保境安民,天皇派大将源赖光去征伐。勇猛的源赖光并没有力取,而是采用了智取的方式。他们听闻酒吞童子嗜酒如命,就巧妙地在酒吞童子的酒里下了由神仙传授的毒酒,酒吞童子喝下去之后就瘫倒在

图 2-2-27　源赖光大战酒吞童子
票主:今田耕二
制作者:大内香峰
(木口木版　7.8cm×7cm)

地,被源赖光割下了首级。但是酒吞童子不愧为日本强劲的妖怪,首级被割下来后并没有死去,而是狠狠地咬住了源赖光的盔甲不放。结果一路来到京城,天皇看后也没有办法,只好把酒吞童子的首级好好地安葬。

版画家大内香峰用其擅长的木口木版技法绘声绘色地还原了源赖光大战酒吞童子的场景，连盔甲的细微之处都处理得非常认真。在色彩上，使用了细腻的中间过渡色缓和了这个原本凶险的场面。

《河童欢谈花与酒》（图2-2-28）

河童、鬼和天狗是日本公认的三大妖怪。传说中的河童全身绿色或红色，体格像小孩子一样，嘴巴突扁，背上有一块像乌龟一样的壳。头顶上有一块像盘子的物体，如果这块物体缺水干裂的话河童就会失去力量或者死亡。古代日本每年因为水害会有许多无辜的人溺毙，民间传说是因为有一些品行较差的河童在水里作怪，所以常用河童的故事劝告儿童不要在河边戏耍。不过也有另外一个版本说河童是水中的精灵，水神的使者，而在文学家芥川龙之介小说《河童》（1927年）里，河童则摇身一变成为一个能够引领人们进入乌托邦世界的幽默风趣的人物。

图 2-2-28　河童欢谈花与酒
票主：有泉英雄
制作者：吉本政幸
（木版　X1/7 9.5cm×7.3cm 2005年）

在日本藏书票里的河童大都是亲切幽默的形象，有河童看书、河童吹琴、河童喝酒、河童纳凉、河童过万圣节等有趣的主题。在某次藏书票展会上，因为一枚河童的藏书票，票主有泉英雄和藏书票作家吉本政幸相识了。票主有泉英雄偏爱诗文，而藏书票制作者吉本政幸开过15年的书法教室，在诗文方面也有很高的造诣，两人交谈后，决定选用《菜根谭》中"花看半开，酒饮微醉，此中大有佳趣"这句话的前面8个字，创作了这枚诗文书票。

《小丑》（图2-2-29）

身穿华丽光鲜的外衣，以滑稽、幽默、讽刺的戏剧方式取悦王室贵族的宫廷小丑，在中世纪英格兰宫廷中很常见，后来因为英国的内战，宫廷小丑这一职业就逐渐消失了。

不过作为艺人的小丑、丑角的道化师，一直延续在现代舞台上。身着五彩衣，带着系满铃铛帽子的小丑擅长用夸张的肢体语言和讲笑话来取悦观众。曲终人散，笑过之后或许没有人会记得带来欢乐的小丑，以及笑脸后的表演者。铜版画家坂东壮一用飞尘和蚀刻技法刻画了小丑错综复杂、悲喜交织的内心世界，画面中细微的线和点进一步增添了悲凉寂寞的气氛。

坂东谦虚地说，虽然自己想表达的和自己实际制作的总有距离，但如果能用手中的笔让你读出小丑的悲伤和孤独，那就太妙了。

图 2-2-29 小丑
票主：斋藤专一郎
制作者：坂东壮一
（铜版 5.5cm×9.3cm 2007年）

鸟兽鱼虫

动物是人类的生活伙伴。如同在文学作品中人类与动物之间的亲密关系，在藏书票的世界里也是如此。被视为世界最早的两枚藏书票，"刺猬藏书票"和"天使藏书票"中分别登场的就是一只口衔花枝的刺猬和麋鹿。

日本人喜欢动物，有时甚至超过喜爱孩子和自己。这种说法没有一点夸张，如果你对日本人说你家养了一只宠物，他一定会立即纠正那不是宠物而是家庭成员，所以在日本藏书票中动物也是不可或缺的主题。鸟类保护者北海道的藏书票爱好者土屋文男更是委托原岛典子、德力富吉郎、大内香峰等版画家制作了各种动物主题的藏书票。收藏家锄柄守三也是一个昆虫迷，他邀请芹泽銈介、关野准一郎、山高登等日本知名画家为他制作了不少昆虫主题的藏书票。总之，在日本的藏书票里可以找到不少动物的踪迹。

《猫头鹰》（图 2-2-30）

猫头鹰作为智慧女神雅典娜的爱鸟，自藏书票问世以来就受到藏书票作家和票主的宠爱。首次在日本《明星》杂志刊登的四枚西洋藏书票中，有两枚描绘了象征智慧和学问的猫头鹰。

在日本，因为猫头鹰的读音和"福袋"完全相同，且读音还可以写作"福老"，所以自古以来，猫头鹰又被视为"富裕长寿、不劳苦"的吉祥鸟。多了这层含义，猫头鹰就更受到日本藏书票制作者和票主的喜爱了，曾在家中养过猫头鹰的版画家栋方志功就留下了不少传神的猫头鹰藏书票作品。

图 2-2-30　梅花与猫头鹰父子
票主：土屋文男
制作者：大内香峰
（木口木版 8cm×6.5cm）

版画家大内香峰也制作了不少这类题材的藏书票。这枚题为《梅树与猫头鹰父子》的藏书票是大内香峰为医学博士土屋文男制作的，画面中梅树也是很有故事，据说取材于道远禅师去中国求法时，在浙江天童山景德寺里遇到的那棵梅树。

图 2-2-31　蝴蝶
票主：西野裕子
制作者：原美明
（丝网　S1/15 7cm×5.5cm
2011 年）

图 2-2-32　马戏团的大象
票主：土屋文男
制作者：横田稔
（铜版手彩　7cm×6cm）

《蝴蝶》（图 2-2-31）

羽化而来具有重生能力的蝴蝶受到很多现代日本人的喜爱，但也因为同样的理由，在古代日本却有着跌宕的命运。在当时属于蛮荒之地的东日本地区，人们相信蚕蛹能够复活而充满了对蚕蛹的信仰，即所谓的"常世虫信仰"。然而从中国引进养蚕技术的秦河胜认为，这种常世虫信仰会妨碍养蚕，所以使用武力镇压了常世虫的信仰。结果导致大家对蝴蝶都三缄其口，著名的《万叶集》里就没有歌咏蝴蝶的诗歌，甚至在日常生活中，蝴蝶竟然失去了它的名称。现代日本基本上摆脱了古代的这些禁忌，喜欢收集蝴蝶标本的人也特别多。中国"庄周梦蝶"的典故也引发了日本众多文人骚客的共鸣，所以在日本藏书票中，经常可以见到它们飞舞的身影。

画家原美明制作的丝网版藏书票色彩艳丽，赏心悦目，藏书票上的蝴蝶栩栩如生，惹人喜爱。

《马戏团的大象》（图 2-2-32）

如果小老鼠是藏书票里最小的动物，那么藏书票里的大型动物应该就是大象了。远古时代，日本也曾是象的故乡，但是在两万年前，象就在日本绝迹了。到了日本室町时代，有人从异国运来大象，比如在神户市立博物馆收藏的桃山时期的一些南蛮屏风上，就记载着这样的故事。从此以后，日本人也就时常能看到大象，大象也成了壮大厚重事物的代表。

土屋文男请版画家横田稔制作藏书票的时候，恰逢横田在制作以马戏团为主题的藏书票系列作品。横田以轻快的笔触描绘了驯兽师与大象精彩的配合，画面里虽然只画了大象的局部，但充分体现了大象的稳重却又灵活的动态，毫无笨重的感觉。后来，吾八书房把横田稔的这个系列的50种藏书票汇集成册，出版了一本藏书票绘本《马戏团归来》，限量发行。

《三色猫》（图2-2-33）

在日本，猫被认为是集福运与灵性为一体的神秘动物，有不少神社供奉猫，传说招财猫的发祥地就在东京的"今户神社"。日本各个领域里也催生出了各种"猫文化"，耳熟能详的就有哆啦A梦、凯蒂猫等。在藏书票的世界里，猫也俘获了众多的藏书票制作家和票主。除了宠物猫，舞台剧《猫》、芥川龙之介的《动物园》以及宫泽贤治文学作品中的猫也纷纷走进了藏书票里。

图2-2-33 三色猫
票主：寺胜
制作者：井上胜江
（木版 9cm×6cm 1990年）

栋方志功的学生，版画家井上胜江也是藏书票界的红人，她喜欢猫也喜欢狗，为了能让她的猫狗有更大的空间可以自由自在地生活，还特地为此搬了家。她尤其喜欢画肥猫，当票主请她制作藏书票时，她很快地完成了这枚肥猫藏书票。不过肥猫只是井上自己给起的名，并没有告诉票主，所以票主根据这只猫的毛色起名叫三色猫。不过无论叫什么，这只胖嘟嘟的猫都是招人喜爱的。

日常生活

车尔尼雪夫斯基说，任何东西，凡是能显示出生活或使我们想起生活的，那就是美。美就是生活。

在日本藏书票里，我们会惊喜地发现杯盘、文具、玩具等一些不起眼的小物品。无论在挫折艰难还是物质优越的日子里，这些都是充满故事且伴随在票主和藏书票制作者身边的物品。将藏书票作为载体，把一段时光、一件物品写入藏书票，也是对生活的一种倾诉吧。

《荞麦猪口》（图 2-2-34）

荞麦、寿司和天妇罗并列为日本代表性的三大食品。与寿司、天妇罗相比，荞麦清凉爽口，制作也最为简单。荞麦面煮好后用冷水冲凉，用一只小碗盛佐料蘸着吃。更有特色的是，日本人吃荞麦面一般不咀嚼，直接吞咽下去，吞咽时声音越响越好。吃完后，再喝一口煮面的汤，原汤化原食，对日本人来说也是人生的一大享受。

图 2-2-34　荞麦猪口
票主：金子元久
制作者：本间要一郎
（木版　7cm×6.5cm 2012 年）

随着荞麦面的普及，很不起眼的佐料小碗就成了大家饭余的谈资，到了明治时代，日本人开始把这种小碗叫作荞麦猪口，猪口在日语里是小杯子的意思。荞麦猪口通常是口大底小的青花瓷器，显得十分的质朴。但正是这样的质朴吸引了很多日本人，于是出现了许多专门收集荞麦猪口的爱好者。现在在日本还有专门收集展出荞麦猪口的美术馆，所以在藏书票的世界里，荞麦猪口当然也不能缺席了。

采用荞麦猪口来制作藏书票是很难讨巧的，因为造型并没有什么变化，色彩也比较单调。在这枚藏书票中，本间要一郎用简单而偏执的线条，让这日本传统的芥麦猪口食器，闪烁出现代的光泽。

《紫甘蓝》（图2-2-35）

处处留心皆可入画。平时不可或缺的蔬菜也出现在日本的藏书票里。长年坚持制作发行藏书票年历的马莲会在2014年推出了一套以蔬菜为主题的藏书票年历，12位版画家选用了胡萝卜、紫甘蓝、茄子、藕等12种蔬菜制作了12枚藏书票，令人耳目一新。

版画家南部一郎选用了富有营养的紫甘蓝的一个切面，在翠绿的底色下，紫甘蓝显得无比新鲜诱人。这样的一幅画面实际上是日常生活中最常见，也是最平淡的一个场景，但绘入藏书票中却很别致。

图2-2-35　紫甘蓝
票主：南部一郎
制作者：南部一郎
（木版 8.5cm×6.5cm）

《书桌》（图2-2-36）

在文豪夏目漱石的时代，从书房拉开移门，看到满院鲜花盛开，大概是一种无与伦比的享受。日本人一直努力地保留着传统文化的要素，即便是在西式的大楼住宅里，很多家庭也都要保留一间榻榻米的房间，总觉得那才是家的样子。

版画家川田喜一郎为票主草刈制作的这枚书桌藏书票，应该是一件能够引

图2-2-36　书桌
票主：草刈
制作者：川田喜一郎
（孔版 11cm×9cm 1992年）

起大部分日本人共鸣的小作品。日本现代城市生活进一步欧化，这样的矮书桌已经不多了，而能从书房里赏花也成了一种奢望。只有到日本的农村，偶尔还能看到这样的生活场景。川田巧妙地勾勒了一幅正在消失的日常生活的一景，让藏书票连接了过去和未来。

《温泉》（图 2-2-37）

日本高温多湿，所以日本人酷爱洗澡，洗澡是他们生活中一个不可或缺的组成部分，而把这个题材带到现代版画世界里的是前川千帆。前川几乎访遍了日本南北，把各地的温泉都搬到了版画里，先后出版了五本"浴泉谱"版画集。这个题材深深地打动了日本人，是许多藏书家必收的珍稀本。作为日本书票协会的老成员，他也制作了很多同题材的藏书票，在这个方寸世界里也出现了洗澡的日常风景。收藏家坂本一敏曾经说过，在前川的藏书票里，总能感觉到前川敦厚的人情味。

这枚藏书票的构图延续了"浴泉谱"主要的构图形式，全景式地描绘

图 2-2-37　温泉
票主：内田晶子
制作者：前川千帆
（木版 7cm×8.5cm）

了日本传统温泉的场景，建筑宽敞，人物安详，色彩淡雅，构图平稳，传递了一种惬意和安逸的氛围，不仅能让票主击节称赞，而且也能让更多的日本人感同身受。

交通工具

日本人对火车、帆船似乎情有独钟，在日本第一条铁路的始发站东京新桥站前，就陈列了一辆蒸汽火车。"汽笛一声离开新桥"的铁路之歌到现在还激荡着怀旧的日本人之心。在藏书票里以火车、帆船、自行车为题材的不少，并且特别偏爱已成为日本的重要文化遗产的大型帆船日本丸，而作为日本支柱性产业的汽车在藏书票里却不多见。

《蒸汽火车》（图2-2-38）

日本近代工业随着铁路建设的延伸一跃而起，蒸汽机关车对日本而言不仅仅是一种交通工具，更是日本文明开化的表现。

汽笛一声肠已断，蒸汽机关车在日本有相当多的粉丝，佐佐木桔梗就是其中一位，而且还是一位超级发烧友。寺庙住持出身的他早年喜欢摄影，专门拍摄火车。后来又请多位作家为他制作了以火车为主题的藏书票。武井武雄制作的这枚木版藏书票，主角是一辆有防止撞牛装置的老古董蒸汽火车。武井从正面取景，一辆冒着烟的火车好像马上就要迎面开过来似的，很有临场感。

佐佐木桔梗也是一位出版家，不过他出

图2-2-38 蒸汽火车
票主：佐佐木桔梗
制作者：武井武雄
（木版 8cm×3.5cm 1960年）

版书籍并不为盈利，单纯为了制作精美的图书，在他出版的部分书籍中也附送藏书票。不过，这张藏书票是日本书票协会书票历中的一枚。

《帆船》（图 2-2-39）

说起以大海为主题的版画，脑海里一定会浮现出葛饰北斋的《神奈川冲浪里》吧？日本是一个由近 7000 座岛屿组成的国家，海与日本的经济生活紧密相连，历史上日本的海上运输远比陆地运输发达。江户时期，日本北陆的盛产的大米都是通过海路运到大米的消费地江户或者大阪。不过，出现在日本藏书票里的船往往不是日本传统的帆船，而是西方的大帆船。或许这与美国海军将领佩里率舰队来日本，打开了封锁了 200 多年的日本国门有关吧。后来日本也制造了大型帆船，并把这艘船当作学习西方文明的标志，保存至今。

村上户久为河野英一制作的就是以西方大帆船为主题的型染藏书票，有红蓝两种不同基调，好像蓝色表现扬帆出航，红色象征归航。同样的构图因为色彩的变化而形成了不同的意境，显示了型染手法的魅力。

图 2-2-39　帆船
票主：河野英一
制作者：村上户久
（型染 12.5cm×10.6cm）

《宇宙飞船》（图 2-2-40）

票主田中栞喜欢科幻故事，在她自营的书店里到处摆放着可爱的人像。结合这两点，11 岁时就入选日本版画协会会展的天才版画家大野加奈为田中制作了一枚宇宙飞船的铜版画藏书票。

在宇宙飞船里，装糊涂的机器人、猫头鹰型机器人和小松鼠这三个主人翁都在读书。读的都是票主田中喜欢的书籍：*Book Worm*、《书虫》、*Gallery Proof* 等。宇宙的距离是使用光年来计算的，所以且不管自动驾驶的宇宙飞船将会飞到哪里去，反正是有的是时间可

图 2-2-40　宇宙飞船
票主：田中栞
制作者：大野加奈
（铜版 C3　8cm×8cm 2003 年）

以来读书。藏书票作家和票主大概都随着这枚藏书票而思绪飘逸了吧。

乡土玩具

乡土玩具是最具日本特色的藏书票主题。1992 年，在北海道的札幌召开的"第 24 届世界藏书票大会"上，日本书票协会特别组织了近 150 枚的展现日本各地乡土玩具主题的藏书票参加展出。内容有人形子、土铃、张子、灯笼等，品类丰富，非常有趣。大会从其中选出具有代表性的 12 枚，编辑发行了藏书票集《乡土玩具谱》，同时，这套藏书票集也作为日本书票协会 1992 年的书票历发行。

大约在 1920 年前后，日本将这些来自全国各地的玩具统一称为"乡土玩具"。这些玩具有可爱淳朴的，也有粗暴丑陋的，自有不同的含义，但都活灵活现、富有魅力，已经成为日本收藏界的一个重要的收藏门类。日本著名的白黑出版社从 1934 年起，就在其《版艺术》杂志对乡土玩具作了

多期的专题介绍，系统性地介绍了日本各地的乡土玩具。有人说，在日本贫困的年代，乡土玩具曾是大家精神的寄托。

图 2-2-41　犬张子
票主：高桥进
制作者：大西耕三
（木版 9cm×6cm）

犬张子（图 2-2-41）

张子，就是用竹子或者木头做成骨架，然后用黏土或者和纸糊成的动物或者人形的玩具。这种技术起源于中国的汉代，平安时代引进到日本后很快得到普及，现在日本各地随处可见类似的乡土玩具。

"犬张子"可追溯到日本平安时代的狛犬，这种狗生殖力旺盛，所以当初是作为产妇顺产的吉祥物，也是婴幼儿的玩具。日本在孩子出生后，初次去神社祈拜也会使用犬张子，希望孩子就像狛犬一样生长，健康不生病。书票中头顶着太鼓的犬张子，圆圆滚滚的身体、脸蛋仿佛是刚出生的孩子，憨厚可爱。

票主指定要以东京的"犬张子"为主题，但制作者手边没有这种乡土玩具，所以特地去借了实物，认真观赏后制作了这枚藏书票，并被收录到藏书票集《乡土玩具谱》中。

《金鱼玩具灯》（图 2-2-42）

因为票主是一位女性，所以制作者佐野隆夫选择了票主家乡的一种乡土玩具——金鱼玩具灯作为藏书票的主题。金鱼玩具灯制作并不复杂，用竹片做好骨架，再用和纸糊在外面成形，上色后再安装到木制的小板车上。夜色降临后，妈妈带着孩子拖着这种金鱼玩具灯上街，灯光摇曳，金鱼栩栩如生，煞是招人喜欢。当然，也只有制作者本人深感这种乡土玩具的魅力，

图 2-2-42　金鱼玩具灯
票主：江口敏子
制作者：佐野隆夫
（木版　X1/4 9.5cm×6cm　2008年）

图 2-2-43　木形子
票主：锄柄守三
制作者：清水敦
（铜版美柔汀 11.5cm×7cm）

才会选择这样的主题。

佐野隆夫擅长板目木版画，是一位用日本传统的版画技法在国际上连续获奖的藏书票制作者。相对铜版技法，木版藏书票在国际上得奖的并不是很多，所以难能可贵。根据佐野自述，到 2008 年的时候，他已经制作了近 500 种藏书票，在日本藏书票制作者里也是一位超级多产的版画家了。

《木形子》（图 2-2-43）

木形子是日本传统的木制人偶玩具，形态比较简单，一般来说由球形头部和圆柱形的躯干两部分组成，根据产地和各地习俗的不同，再绘制脸部表情、发型和服装。比如福岛县的土汤系身体花纹是由环线组合，宫城远刈田系的眼睛细长，脑袋硕大躯干纤细，腹部纹样以重叠的菊花梅花为主。

关于木形子较为流行的说法是，江户中后期，东北地区的工匠们为了给去那里温泉旅游的观光客而特意开发的土特产品。温泉疗养后，木形子作为礼物带回去，是送给孩子的有趣礼物，也是作为和山神相连、寓意五谷丰登的风水物。木形子在女性中特别有人气，也是现在国外游客在日本必买的小物品之一，当然也是日本票主们喜欢的主题。

票主锄柄守三酷爱昆虫，制作了不少昆虫主题的藏书票。同时，他也热衷收集各种木形子，所以特意请版画家清水敦为他制作了这枚铜版藏书票。

传统文化

日本是一个特别珍视传统文化的民族。今天走在东京的大街上，会发现现代化的摩天大楼旁还保留了很多日本传统的建筑物。在生活方面，传统文化更是处处可见，现代日本生活中重要的节假日往往来源于传统的文化，而这些传统也成了日本人现代生活中一个重要的组成部分。盂兰盆节来源于佛教，每年8月盂兰盆节来临时，生活在都市里的人都会赶回故乡。每年日本各地都会举行各种祭祀活动，被称为日本三大祭的京都祇园祭、大阪天神祭和东京神田祭都有数百年乃至上千年的历史。京都的祇园祭在2009年被指定为世界非物质文化遗产。传统文化在很多不经意的地方也会显现出来，比如直到现在日本的报纸和其他出版物还依然保留了竖排格式，而印章更是生活的必需品，没有印章是无法到银行开户的。文化需要传统的累积，只有保留了传统，文化才更具活力。

作为外来文化的藏书票也反映了很多日本的传统文化。日本的藏书票制作者和票主们来自日本全国各地，所以在藏书票里也可以看到日本各地不同的风俗人情。

《家纹》（图2-2-44）

家纹是日本人显示自己的家系、血统和地位的传统标识，在《源氏物语》的时代就有使用的记录。之后，日本小朝廷的公卿、幕府管理下的武士都创建了各自的家纹，代代相传。不过江户时代之前，家纹几乎是贵族与武士的专利，江户中期以后，家纹才开始在民间普遍起来。

如同西方的纹章型藏书票，日本也很早就有人制作家纹藏书票了。日本藏书票界的先驱中田一男为票主唐木音松制作的藏书票中，就有一枚以家纹为主题的藏书票。这枚藏书票中间是唐木家的家纹，四周配上唐木藏书的文字，双色套印，非常端庄。

在中田一男努力开拓藏书票领域的时候，爱书家唐木给予了很大的支持，向中田定制了很多藏书票。不过，现在保存下来的中田藏书票作品非常少，1990年，日本书票协会找到中田自画自刻自拓的数枚藏书票，编辑成《中田一男创作藏书票》限量发行，实际上只有15套。

图2-2-44　家纹
票主：唐木音松
制作者：中田一男
（木版）

《茶道》（图2-2-45）

当本多善典终于得到一次机会请版画家上田治制作藏书票时，他立刻在多种兴趣爱好中选择了以茶道为主题，但并没有向制作者提出任何具体的要求，这让上田不得不认真构思了好多天。茶道讲究静寂枯寂，应该尽量省去多余的颜色，上田虽然勾画了茶室的最重要的一角，但却添加了很多色彩。

茶道既是传统文化，也是现代的日本文化。茶道人要心怀"难得一面，理当珍惜"的心情来诚心礼遇每一位茶客。大家都以

图2-2-45　茶道
票主：本多善典
制作者：上田治
（木版 8.8cm×6.8cm 1994年）

"或许是人生中最后一次见面，所以要真心诚意地对待对方"这样的心境来行事。那么，既然可能是人生最后一次见面，为什么不多一点颜色呢？

票主对这枚藏书票非常满意，他已经开始盘算着如何在退休后回到故乡，在自己的住房旁边建造一间小小的茶室。

《枯山水》（图2-2-46）

枯山水、茶庭是日本景观的代表之一，有别于中国园林、西方园林，日本园林让人不觉进入"寂、清、静"的境界。特别是局部如庭门、小径、飞石、石灯等微小景观，也传递出禅意的美学。把这类主题的藏书票贴在书里，仿佛是在说不用出门，在藏书票里看风景就足够了。

要将枯山水的现场感在藏书票这样的小尺寸版画中表现出来并不容易，但仍有不少日本藏书票作家挑战了这个主题。1992年大本靖就制作过木版

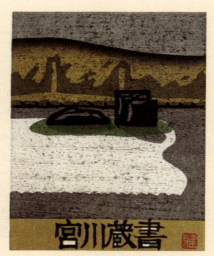

图2-2-46 枯山水
票主：宫川洋一
制作者：井堂雅夫
（木版 X1/9 10cm×8cm 2011年）

画枯山水藏书票，而前田政雄早在 1968 年也制作过这个主题的藏书票。这枚藏书票是 2011 年，版画家井堂雅夫为票主宫川洋一制作的。作者巧妙地选取了枯山水的一角，前景是用细沙代表的大海，中间是两块石头组成的蓬莱仙岛，后面富有光影变化的斑驳古墙使得看似平面的构图有了深远的意境。

《御柱祭》（图 2-2-47）

御柱祭被誉为日本三大奇祭之一，长野县诹访的御柱祭竟然每 7 年才举办一次。那是因为诹访市有一个大神社诹访神社，每 20 年就需要重建一次神殿。为了建设神社，需要从山上伐木做 16 根柱子。诹访的男子汉们冒着生命危险把这些巨大的木料从山上拖下来，再拖到神社去。整个过程完全靠人力搬运，所以那是一个很浩大的工程。在当地，每 7 年举行一次的御柱祭被视为重要的节日，这期间，企业也作为节假日放假。

型染版画家神崎温顺十分传神地刻画了这场祭祀活动的主角：御柱。其实，神崎曾经设计了好几个有关御柱祭的场景，如砍大树、运过河、里曳祭等，感觉都很有意思，但鱼和熊掌不能兼得，最后和票主协商后，决定还是以御柱为主题，因为御柱祭的主角就是御柱。当御柱站立起来，柱头安装上神道用具大币轴时，就意味着神已经附身在柱子上了，那是万人呼唤的场景。这枚藏书票恰好在 1986 年 5 月 12 日御柱祭举行的当天顺利完成了，不用说，票主自是万分感激的。

图 2-2-47 御柱祭
票主：牛越昭
制作者：神崎温顺
（型染 K/9 9cm×7cm 1986 年）

图 2-2-48　青森睡魔祭
票主：千叶健一郎
制作者：佐藤米次郎
（木版　6.5cm×8cm）

《青森睡魔祭》（图 2-2-48）

　　日本东北一到冬天就会大雪封山，所以大家就会充分利用每年的夏天来组织各种活动。青森县的睡魔祭每年都会吸引超过 200 万人去观看，活动时会扎大型灯笼，这些灯笼以日本或中国传说中的历史人物、歌舞伎、神佛等为题材，色彩绚丽，神态逼真，1980 年青森睡魔祭被指定为"重要非物质民俗文化财产"。

　　青森睡魔祭的灯笼都非常大，在现场观看的话，没有人不被那些巨大的灯笼所震撼。青森县出身的日本藏书票界元老佐藤米次郎以娴熟的木版技法，老到的用色，完美地体现了青森睡魔祭喧嚣喜庆的场面。画中叠放的扇形取自青森县古代藩主津轻为信的小名扇丸，牡丹花是藩主的家纹，云汉是中国古代银河的别称。

浪漫情趣

藏书票得以普及和发展，是爱书家、版画家的兴趣使然。藏书票中自然显示出票主的情趣，制作者则会根据自己的灵感创作出十分浪漫的藏书票。日本的艺术家往往会强调一种游戏的创作态度，日语中称之为"游心"，这样的"游心"带来了更多的天真烂漫。因此在日本藏书票中，浪漫情趣也是很具特色的主题。

《煤油灯》（图2-2-49）

在现代生活中早已不见踪影的煤油灯是日本藏书票界经常出现的主题，其中川上澄生、佐藤米次郎、铃木准中、武井武雄等都是制作煤油灯主题藏书票的名手。

在日本，煤油灯被称为"洋灯"，在读音上也直接采用了 lamp 音译。江户时代末期，煤油灯刚刚传进日本的时候，是价格昂贵的舶来品，只有一些富豪才能使用。明治维新之后，煤油灯进入了普通市民家庭，从而改变了日本使用蜡烛或行灯的昏暗生活。当时的出版物也连篇宣传这种有着异域风情的煤油灯让日本迎来了明亮的时代，《东京流行记》杂志甚至在重要版面刊登了"煤油灯"的销售榜单，对于这段使用煤油灯的日子，日本称之为"洋灯时代"，深深地留在了日本国民的脑海中。

铃木准中曾经制作了很多煤油灯藏书票。去世后，其家人汇集他制作的藏书票，编辑成六集书票集，每集发行 20 本。这枚藏书票收入在第五集的"铃木准中煤油灯藏书票"中。

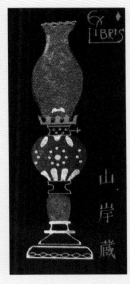

图 2-2-49　洋灯
票主：山岸
制作者：铃木准中
（誊写版　11cm×3cm）

图 2-2-50　月夜散步
票主：Junji & Keiko
制作者：西川洋一郎
（石版 + 丝网 L/7+1 手彩 10cm×12cm　2009 年）

《月夜散步》（图 2-2-50）

在日本藏书票中，北方冬季的主题常常把我们带入"另一个世界"。日本书票协会曾经邀请大内香峰、大本靖、敦泽纪惠子等 10 位来自日本北方的版画家创作过一本《北方的书票集'90》。运河、雪山、温泉旅馆、暖炉，这些主题藏书票让我们看到藏书票制作者们呈现的一个温暖而富有人情的冬季。

在北海道居住过的桥本夫妇希望西川洋一郎为他们制作一枚北国风情的藏书票。接到这个题目，西川的脑海里立即出现这个月夜下散步的画面。一钩弯月，袭袭流星，朦胧树影。就在伉俪散步时，小狐狸倏然而现。北海道狐狸个头很小，透出无比的机灵劲儿，给散步的人带来不小的惊喜。这枚藏书票结合了石版画和丝网印刷等几种技法，成功地表现出了冬季北国童话般的世界。

《钓鱼》（图 2-2-51）

夏天是日本各地河钓的好季节，
进入 6 月，各地开始解禁钓香鲇。钓
鱼爱好者纷纷起早出发，到溪水清澈
的山里去钓香鲇。香鲇钓上来后，就
地点起篝火盐烤，是很多钓鱼爱好者
的享受。钓鱼爱好者长谷川也是一位
爱书家，他请版画家宫下登喜雄制作
一枚以钓鱼为主题的藏书票，并给宫
下讲了一段钓鱼爱好者的痴人梦话。
长谷川说，钓鱼的时候，常常会遇到
各种各样的漂流物，而长谷川就曾幻
想，如果遇到良宽的书法，那就不只
是钓到香鲇所能感受到的喜悦了。说
者无意，听者有心，宫下就以这段痴
人梦话为主题创作了这枚藏书票。

图 2-2-51 钓鱼
票主：长谷川一种
制作者：宫下登喜雄
（木版 X1/9 10cm×7cm 2008年）

藏书票里不是涓涓细流，而是一条宽阔的大河。虽然没有出现钓鱼者
的身影，拉弯的鱼竿让人以为是钓到了一条大鱼，有趣的是那是一幅书法
作品。上题"天上大风"，落款"良宽书"。这幅字不是宫下的创作，而
是良宽本人的笔迹。原来宫下收藏了一幅良宽的书法复制品，他把这幅字
描进了这枚藏书票里，圆了爱书家的美梦。

《河豚灯笼》（图 2-2-52）

今村医生的书房里有一只河豚灯笼，那是他在下关做医生第一次领薪
水后买的，一直舍不得扔掉。在下关时，今村的生活比较艰苦，但每次一
看到这只灯笼，就能安下心来。山口县下关市是日本河豚的重要产地和交
易集散地，也是明治时代全国最初解禁吃河豚的地方，所以河豚灯笼成为

图 2-2-52　河豚灯笼
票主：今村士朗
制作者：花田卓尔
（木版　X1/4　8cm×6cm　1991年）

下关的名特产。当今村医生请版画家花田卓尔制作藏书票的时候，心有灵犀的花田根据自己的生活经验和对乡土玩具的热爱，立刻提出了要以河豚灯笼为藏书票主题，这让今村喜出望外。

在制作这枚藏书票的时候，日本已经很少有人制作河豚灯笼了，所以花田希望这枚藏书票贴在今村的藏书里，既能招福，又能以另一种方式让这种乡土玩具得以保存下去。

《绘马》（图 2-2-53）

日本人去神社许愿或者还愿，常常会在一种叫"绘马"的小木板上写下心想之事，然后挂在神社边上。当初日本有供奉神马的风俗，后来供不起真马的人就用木马、纸马等替代。到了一千多年前的奈良时代，人们就开始用木板画马，演变成现在我们看到的绘马了。如今，求学的学生为了考上向往的大学，也热衷去神社奉献绘马。日本各大神社边上挂着的一摞摞的绘马，不知寄托了多少人的美梦。

版画家塚越源七制作了一套《现代绘马书票集》，共有 30 枚孔版画藏书票，每枚藏书票都是一枚绘马，虽然上面没有祈愿的句子，而是某某人爱藏爱书之类的语句，但这些绘马藏书票的票主应该都有祈愿藏在心里吧。笔者手中的这套还附有一枚手绘的木制绘马，让人不禁感叹塚越的心思巧妙。

塚越在给藏书家落合良治的信中写道：我一个人做这类藏书票集，已经出了六套，个中甘苦只有自己知道。虽然有人说没有必要花那么多工夫，但是对作者来说，不下功夫，是不可能形成自己的风格的。的确，孔版技法看似简单，但如果没有匠人之心也是无法制成如此精美的藏书票的。

图 2-2-53　绘马
票主：根津恭
制作者：塚越源七
(孔版 8cm×10cm)

抽象另类

写实和抽象是艺术的两种主要表现形式，虽然在日本的藏书票中以"具象"为主题的居多，但也可以看到日本版画家们不断挑战、制作了很多抽象的藏书票。

1945 年，加藤太郎就曾制作了一枚只有 Exlibris TH 字样的藏书票，背景是并列的曲线。这可以说是一种极致的抽象画，也可以说是只使用文字的藏书票。本来不同于以文字为主的藏书印，藏书票强调的是图案。但在许多日本艺术家眼里，文字除其内涵之外，字体本身就是一种有象征意味的图案。所以在日本藏书票里不时可以看到占据画面的大部分是书法，有的更是排除了所有图案，只用文字做主题，在以图案为主题的藏书票里倒也显得新颖别致。

1966 年，山口源发表了一枚题为《抽象》的藏书票，再次说明方寸之间，也非常合适表现抽象艺术，恩地孝四郎、武井武雄、萩原英雄、守洞春不少等大家都尝试制作过抽象画的藏书票，让日本的藏书票主题显得更加丰富多彩。无论写实还是抽象，藏书票都能与书内的风景相映成趣。

《抽象》（图 2-2-54）

限定版书籍收藏家高桥启介相貌堂堂，有诺贝尔物理学获奖者汤川秀树博士的神采，所以朋友们私下都称其为汤川启介博士。为他制作藏书票好像不是一件容易的事，所以武井武雄没有去询问票主的意愿，而是按照自己的想法，以圆、线以及色块的抽象符号制作了这枚藏书票。

这些圆和线的排列有点像中国的河图洛书，但更像宇宙的图像，好像是太阳照亮了地球。如果是这种意匠的话，那么和汤川秀树博士似乎还能沾上边。不过武井自己说，那只是随着自己的灵感而画出来的，到底是什么像什么，观者可以自由发挥想象力。或许，这就是抽象艺术的真谛吧。

《冬炎居之书》（图 2-2-55）

将汉字变形为图案，也是日本藏书票中比较常见的手法。不过版画家斋藤清在汉字变形中，还巧妙

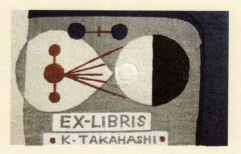

图 2-2-54　抽象
票主：高桥启介
制作者：武井武雄
（木版　7.5cm×5cm　1951 年）

图 2-2-55　冬炎居之书
票主：藤条虫丸
制作者：斋藤清
（木版　6.8cm×7.5cm 1951 年）

地增加了两个裸女。

原来，这枚藏书票的票主是战后有名的天然肉体派诗人藤条虫丸。藤条不仅会作诗，绘画书法也很精通。从肉体派诗人的角度来看，斋藤认为给票主藤条制作藏书票，裸女是最恰当的题材。藤条也认可了斋藤的想法，但提出了想在藏书票上用自己的雅号冬炎居，这一时间让斋藤有点为难，感觉这个古意盎然的雅号与裸女显然不配。虽然几次想改变裸女主题，但似乎都不能摆脱原来的设想，于是就采用了在变形的文字里加上裸女的图案。粗线条的文字变形和细线条的裸女在不和谐中演绎了一种和谐美，使肉体派诗人得到了一枚有趣的藏书票。

《虹千鸟》（图2-2-56）

千鸟是水边野鸟的总称，以鸻科为主，分布在世界各地，约有60多种。当这些鸟从水面一起飞起来的时候，画面极其优美典雅。按照此景，日本人绘制了一种比较抽象的千鸟图形，并成为日本传统的代表性纹样。又因其称呼与"手到擒来"的日语发音接近，所以就成为胜利和丰收的代名词了。

藏书票制作者城南山人非常推崇日本的文化，在他制作的藏书票里可以看到日本的传统纹样和家纹图形。这枚为日本落语家[1]桂小文枝制作的藏书票就采用了千鸟图形，但没有使用传统的黑白色调，而是为了强调色彩

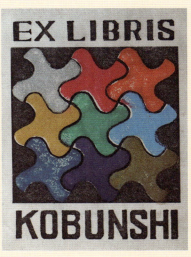

图 2-2-56　虹千鸟
票主：桂小文枝
制作者：楠木美树
（木版　11cm×14cm 1987年）

1　落语家是专门从事落语演出的人。落语是日本的传统曲艺形式之一，类似于中国的相声或者说书人，风格搞笑幽默。

加上了有反光效果的金色，营造了一种活泼向上的气氛，让人不禁联想到落语家用语言逗笑听众的氛围。

中国元素

日本深受中国文化的影响，甚至还保留了一些在中国已经失去了的传统文化。比如鞠躬的礼仪基本上在中国看不见了，但在日本被很完整地保存了下来。实际上，中国传统文化已经渗入到日本人的日常生活中，七夕、中秋节、端午节等这些中国的传统节日在现代日本也是一年里重要的节日。在日本社会里随处可见中国元素，在藏书票这么狭小的领域里也是如此，让人感到一种亲切感。

《孔子见老子》（图2-2-57）

《史记》对日本的影响可谓深远，如日本年号中的"平成"两个字就是从《史记·五帝本纪第一》中的"内成外平"而来的。从这枚藏书票的选题来看，应该说日本读书人对中国的古典《史记》有着比较深的造诣。

图2-2-57　孔子见老子
票主：丹羽文雄
制作者：村上户久
（型染　S3/1 9.5cm×9.3cm）

藏书票制作者村上户久是一位出生于茨城县的服饰专科学校女讲师，她师从她的丈夫，也是日本人间国宝芹泽銈介弟子的村上元彦，熟练地掌握了型染的技法。票主丹羽文雄是日本小说家，文化功劳者、文化勋章获得者。选用《史记》中的"孔子见老子的故事"这样的文学典故来做藏书票的选题，应该说村上是经过深思熟虑的，且此主题对于票主丹羽来说也是十分恰当的。

藏书票的构图来源于山东齐山出土"孔老相见"汉画像砖，单色线条，古朴沉稳，村上用日本的型染技法形象地表现了这个古老的中国故事。

《孙悟空》（图 2-2-58）

票主末广吉成是日本著名的孔版画家，也是藏书票制作者。不过，这次他请同是孔版画家的嘉部弘为他制作藏书票，成为一段佳话。更有意思的是，这枚藏书票的主题是孙悟空。中国的四大古典名著在日本早已家喻户晓，孙悟空的形象也深深地印在了日本人的脑海里。嘉部说，当时日本正在上演的大闹天宫的戏剧，但他并没有去看，也没有再去查找孙悟空的资料，仅凭印象画出了孙悟空的形象。这再一次说明了孙悟空在日本是多么受欢迎。

制作这枚书票时，嘉部弘已年过 80 岁了，但这枚丝网印刷的藏书票却充满了青春的活力。

图 2-2-58　孙悟空
票主：末广吉成
制作者：嘉部弘
（丝网　S2 /Col　11cm×8cm
2008 年）

《灵山》（图 2-2-59）

黑崎彰是 20 世纪 60 年代以后日本现代版画的领军人物。1979 年，他攀登过一次黄山，时隔 20 多年后，再来创作以黄山为主题的藏书票时仍然感慨万千，并命其为灵山。

黑崎之所以能如此传神地制作出这枚《灵山》藏书票，还是因为在攀

图 2-2-59 灵山
票主：长岛洋二
制作者：黑崎彰
（木版 X1 9cm×6cm ）

登了令人生畏的崎岖山路、登上黄山顶峰之后，他恍然大悟：这座产生了那么多名画的灵山，绝不是在平地上靠想象就能画出来的。所以，至今都没有磨灭掉对黄山的印象让黑崎有机会抽象提炼，形成了自己对黄山独特的表达方式。

画面上峻岭叠嶂，云雾缭绕，似曾相识。把黄山的神韵表达得如此彻底，甚至是神来之笔，令人击节叹赏。

《青铜器·庚嬴卣》（图 2-2-60）

楠木美树是中国古文字研究家、书法家，号城南山人。他编辑出版了《古代文字字典》等以甲骨文、金文为内容的书法字典。20 世纪 80 年代，他一度转向版画，并在 1987 年出版了一套藏书票集《鸰影谱》，收录了 50 枚版画藏书票。这些藏书票有着鲜明的文化特点，一部分是传统的日本特色，另一部分是典型的中国文化。

这枚以青铜器的拓片为主题的藏书票就是其中的一枚。城南山人的书法是以甲骨文和金文为基础展开的，选用具有极高的艺术价值和历史价值的庚嬴卣制作藏书票，对他来说也是顺理成章的事。在庚嬴卣端庄的图案下面，还加上了一段庚嬴卣的金文铭文："其子子孙孙万年永宝用"，恰到好处地显示了时代背景和他的艺术取向。而这枚藏书票的票主竟然就是日本甲骨文的权威京都大学名誉教授白川静，票主与藏书票的图案相得益彰，使这枚藏书票愈加宝贵了。

这套藏书票集限量发行了 30 本，在完成这本藏书票集之后，城南山人似乎没有再继续制作藏书票，所以现在很少能看到他的藏书票作品。

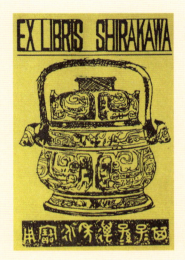

图 2-2-60　青铜器·庚嬴卣
票主：白川静
制作者：楠木美树
（木版 8.5cm×13cm 1987 年）

图 2-2-61　万里长城
票主：广濑笃子
制作者：金守士大夫
（技法：木版　8.5cm×13cm 1986 年）

《中日友好》（图 2-2-61）

　　20 世纪 80 年代是中日藏书票界交流最频繁的年代。日本藏书票界几次组团访问中国，回来后制作了不少以中国为主题的藏书票。比如铃木准中制作了以颐和园船舫为主题的木版藏书票。

　　1985 年，金守作为日本版画文化友好代表团的一员访问中国，以不到长城非好汉的气概登上了北京八达岭长城。回国后，就制作了这枚以八达岭长城为主题的湖山藏书票。票主广濑笃子得知金守刚从中国访问归来，在委托期间就猜想这枚藏书票一定充满了中国气息。果然，这枚藏书票构图端庄不失生动，色彩沉稳不失华丽，超过了票主的预期。票中那朵不知名的花还引发票主吟咏了陶渊明的诗："人生似幻化，终当归空无。"这不得不让人感叹中日友好的社会基础是多么深厚啊。

3. 藏书票的制作技法

一应俱全的技法

藏书票通常是采用版画技法来制作的。和版画制作一样，使用刀具或化学药品等工具，在铜版、锌版、木版、纸张等不同材料上用雕刻或蚀刻等多种手法进行制版，且限量印刷。根据不同的制版方法，可以分为：凹版、凸版、平版、孔版、综合版和电脑版等。根据不同材料又可分为：木版画、铜版画、锌版画、石版画、瓷版画、丝网版画等。在实际制作中，不少艺术家们往往混合多种技术和材料，且随着印刷技术和 IT 技术的发展，藏书票的艺术表现形式也不断推陈出新。

为了方便藏书票爱好者更好地认识藏书票，国际藏书票联盟（FISAE）对藏书票的技法和版种等做了分类的认定，并规定了其相应的简称。这套分类标准也随着时间的推移而有所增改，本书所附的分类标准是 2002 年公布的，主要增加了有关日本藏书票制作技法的分类项。虽然分类标准并未强制使用，但藏书票制作者、收藏者以及相关文献中大都以这套分类标准为基准在使用。详细内容请参见认定技术简称一览表。

除了常见的木版、铜版、丝网版之外，日本版画家也擅长从日本印染技法传承下来的型染和合羽版技法，连同剪纸、篆刻等各种技法，使得日本藏书票在世界藏书票界中形成了一道独特的风景。

凸 版

凸版印刷，就是通过雕刻使图文部分凸起而制成的印版进行印刷的一种技术，具有悠久的历史。中国最早发明的雕版印刷就是凸版印刷的代表。藏书票制作中的凸版有板目木版、木口木版之分。

板目木版（woodcut）

木版画中有板目木版和木口木版两大种类。

板目木版就是使用树木竖切面的板材进行刻画的技法，是日本最常见的版画形式。日本经常使用樱木、桂花木等树木的板材以及用椴木合成的板材，而西方广泛使用的是梨、桃等阔叶树种。刻画时采用雕刻刀、电钻和锥子等雕刻工具，涂上水性颜料或油性颜料后，用工具马莲或压力印刷机来印刷。在纸张上，日本版画家往往采用手工制造的日本和纸。

木版印刷技术从中国传到日本后，最初主要用于传播佛教，奈良法隆寺保存着现存世界最古老的木版画《百万塔陀罗尼》和《阿弥陀如来像》。到了江

图 2-3-1　三春古玩
票主：守矢日出男
制作者：关野准一郎
（木版　X1/4　9cm×6cm 1987 年）

户时代，社会趋于稳定，木版印刷有了更大的发挥作用的空间。日本利用木版印刷技术发行了大量的佛教经卷、儒学著作以及医学、文化教养等方面的书籍。随着墨绘、手彩、红绘等技法的发展，到锦绘诞生的时候，日本传统版画走向了成熟，留下了大量的浮世绘作品。

由于在版木、纸张和颜料等工具上的不同，再加上文化上的差异，日本木版藏书票与西方的木版藏书票在画面表现上呈现出完全不同的风味，这也让日本藏书票在藏书票的世界里得以独树一帜。采用板目木版技法的日本藏书票制作者非常多，有恩地孝四郎、前川千帆、川上澄生、关野准一郎（图 2-3-1）、畦地梅太郎、佐藤米次郎、山高登、敦泽纪惠子、大野隆司、伊藤卓美、佐野隆夫等著名制作者，不胜枚举。

木口木版（wooden graving）

木口木版是使用树的横切面来做木版画材料的一种版画形式，通常为不规整的圆形。在材料方面大多选用黄杨木和椿树等材质均匀、密度坚硬的木材。受制于树木本身的粗细，一般木口木版的画幅尺寸不会太大，也有画家使用几块木板拼起来制作大尺寸的木版画，一块木材做的独版的直径一般不会超过15cm。相比板目木版，木口木版的画面更为细腻，完全可以和铜版画媲美，且因为木板质地坚硬，所以也适用于大量印刷。

木口木版技法 18 世纪末在英国发展起来，19 世纪传入日本时被称为"西洋

图 2-3-2 维纳斯
票主：伊藤公子
制作者：柄泽齐
（木口木版 X2/1
4.5cm×5cm 1985 年）

图 2-3-3

制作者：大内香峰

（木口木版　X2 + X1/5 8.6×6.7cm　1996 年）

木版"。日本文部省的核定教科书以及当时主要的报纸都使用木口木版技
法制作插图，所以在一个比较短的时期内在日本比较流行，但随着照相制
版的广泛使用，木口木版就不再受到出版单位的青睐，从而成为版画家的
专宠。

　　原先仅作为插图的木口木版技法，在日本版画家日和崎尊夫的创新下
成为富有艺术感染力的版画技法，1969 年，日和崎尊的木口木版作品获得
了佛罗伦萨国际版画双年展金奖。日和崎制作的藏书票数量极少，曾经为
书票历制作过 5 枚藏书票。由于制作技术的要求相对比较高，所以在日本
使用木口木版技法制作藏书票的作家并不多，主要作家有日和崎尊夫、柄
泽齐（图 2-3-2）、大内香峰（图 2-3-3）、涌田利之、见目阳一、三盐
英春等。

木口木版通常为一色的版画，但日本作家们擅长在木口木版的作品中结合使用板目木版的技法来上色，开拓了木口木版画的另一个表现形式，大内香峰是其中重要的代表作家。

孔　版

孔版画是版画中的一个大门类，概括来说就是在板材上刻出图案（相当于开孔），然后使染料从这些开出的孔中直接印染到纸张或其他材料上的一种版画门类。孔版中除了有丝网印刷、誊写版、新孔版等种类外，还有型染、合羽版等日本的传统技法。

型染（katazome）

型染，又被叫作型付染、型绘染，是利用模具、型纸在布或者纸上进行染色。这种技法源自日本传统的染色技法，从奈良时代就开始流传，到江户时代更被广泛使用在江户小纹、京友禅、浴衣等印染方面，在陶器、玻璃制品作业时也时常使用此技法。

型染有多道工序。在和纸上刻画图案是制作型染的第一道工序，这枚刻好图案的纸被称为型纸。然后将型纸放到布或纸上，涂上防染浆糊，没有被涂上防染浆糊的就是需要染色的地方，再经过染色、漂洗后就能得到想要的印染效果。为了达到不褪色、巩固颜色的效果，

图 2-3-4
制作者：松原秀子
（型染）

日本常将颜料和事先准备好的作为固化剂的豆汁和起防腐作用的石灰混合使用，最后，以从浅色到深色的顺序依次上色。可见，型染的工艺还是十分复杂的，如果要染多种颜色，就需要使用多种型纸来反复操作。

型染藏书票不仅在日本很受欢迎，在国际上也获得了高度评价，被认为是最富日本特色的藏书票。采用型染技法的藏书票作家主要有芹泽銈介、小岛德次郎、吉田桂介、村上元彦和户久夫妇、伊藤纯夫，神崎温顺，松原邦光、松原神尾和秀子（图 2-3-4）夫妇和冈村吉右卫门等。

合羽版（stencil）

合羽版是日本人擅长使用的孔版印刷技法之一，也是从日本传统染色技法中发展而来的，其印染的制作过程和型染技法正好相反。如果把型染比喻成篆刻中的阳文，那么合羽版就是阴文。合羽版也是从制作型纸开始，然后把型纸放在需要印染的布或者纸上，用毛刷直接刷颜料，颜料就会通过型纸上刻好的镂空，把图案转印到画纸上。合羽版的特点是对型纸的使用不限次数，各种颜色都可以拿来上色，且不需要使用压力机器，所以许多不适合机器上印刷的形状和材料，都可以使用合羽版来印刷。

19 世纪末，合羽版随着浮世绘也曾传到了欧洲。20 世纪 20 年代前后，法国一度流行过合羽版技法，马蒂斯著名的插画本《爵士乐》和米罗的早期作品里都采用这个技法。有时，合羽版版画会被误认为木版画，但这两者的区别还是比较明显的，因为合羽版是在纸上直接涂色，所以色彩比木版画更鲜艳。由于合羽版完全依靠手工作业，比较耗时费力，所以在欧洲，只有一小部分艺术家在后期的上色阶段才使用这种技法。

日本人偏爱合羽版技法，应该是与日本独有的"渋纸"有关。"渋纸"一般用 5 张很薄的美浓纸黏合在一起，具有非常强的耐水性和柔软性。而耐水性这个特性，更适合用来制作复杂的图形和丰富的颜色。用合羽版制作，往往需要很多型纸。比如制作一枚合羽版藏书票，至少需要使用四五张型纸，

图 2-3-5　美人鱼
票主：HIRATUKA
制作者：平塚昭夫
（合羽版 7cm×8.2cm　1990 年）

图案复杂的话需要使用到四五十张型纸。而图形之间色彩的连接问题，又成了合羽版版画是否成功的关键点。日本作家充分利用了日本"渋纸"的柔软性，使得图形之间的糅合天衣无缝。

使用合羽版制作藏书票的日本版画家主要有森义利、平塚昭夫等人。版画家平塚昭夫制作合羽版藏书票（图 2-3-5），一般至少需要剪裁十二张样纸，使用十种以上的颜色。平塚更擅长调和出色彩的湿润感、透明感，所以笔下的甲虫、蝴蝶、飞鸟，总是让人觉得生动轻盈。

誊写版（mimeograph）

誊写版印刷俗称油印，就是把蜡纸铺在誊写钢板上用钢针笔刻写或刻画，再把刻好的蜡纸附着在绷紧的网框上，即完成了蜡版。印刷时把蜡版放在纸张上，用墨棍在蜡版上反复滚动，让油墨透过蜡纸图文区域的纤维孔隙在纸张上留下图案或者文字。

虽然誊写版操作看似简单，但也容易给人留下粗制滥造的印象，且随着电子复印机的普及，誊写版在日本逐渐被放弃使用。但是，不少日本版画家和手工印刷工作者却对此技法情有独钟，他们认为誊写版操作虽然简单却也有丰富的表现力。

日本誊写版代表画家有福井良之助、若山八十氏（图 2-3-6）等。若山八十氏是一位将眷写版技术提高到艺术领域的先锋版画家。他以"妖艳时间"系列作品开创了"黑色藏书票"的先例，其展现出的纤细柔和之美完全超越了孔版技法，被斋藤昌三评为"是后人绝对不能超越的技术"。由若山八十氏主导的创作孔版画杂志《孔版》影响了一批做孔版画作家，比如板祐生、塚越源七、川田喜一郎、大场正男、大恒阳一、大桥幸雄等。

图 2-3-6
票主：宫本捻
制作者：若山八十氏
（眷写版 8.6cm×6cm）

丝网印刷（silk screen）

丝网印刷是以丝网作为版基，通过感光制版，然后利用丝网印版上图文部分网孔可透过的油墨进行印刷。一般而言，只要是使用网状物制版印刷的孔版画都称为丝网印刷。

由于丝网印版本身比较柔软，可以曲面印刷，且对印刷对象不挑剔，纸张、布、玻璃、金属等材质都可以用来印刷，因而丝网印刷是目前应用最广泛的孔版印刷技术，被广泛地应用在各种商业印刷领域。20世纪50年代，美国艺术家安迪·沃霍尔和罗伯德·拉尔森伯格采用丝网印刷技术发表版画作品之后，丝网印刷在艺术

图 2-3-7　银杏
票主：Klausanne Stiebeling
制作者：原美明
（丝网 S1/12　7.5cm×6.3cm 2012）

137

领域中开始有了自己明确的位置。

20 世纪 70 年代以后，丝网印刷在日本开始受到关注。特别是日本画家木村光在 1974 年获得第 9 届东京国际版画双年展中的奖项后，用此技法的版画家逐渐多了起来，使用丝网印刷制作藏书票的日本版画家代表有原美明（图 2-3-7）、谷口一芳、鸠崎玲子、丰泉朝子等。

平版

平版印刷时图文和空白部分在同一平面上，利用只有图文部分着墨、着色的原理进行印刷。平版印刷有石版印刷、胶版印刷、珂罗版印刷等类型，现在锌板、多层金属、版铝板等金属板材都可以作为平版印刷的印版材料。

石版（lithography）

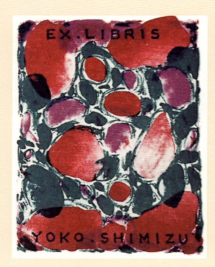

图 2-3-8
票主、制作者：清水洋子
（石版 L/ 3 9cm×7cm 1990 年）

石版画是平版印刷中的一个重要技法。制作过程是：先打磨好石灰岩板材，然后用油脂性的蜡笔或墨水在石板上绘画，这样绘画的部分就吸收油墨，而没有画的部分就不吸收油墨。经过用含酸的桃胶腐蚀版面制版后上油墨，在石板上铺上纸，用压机进行印刷。

石版画源于德国，是 19 世纪欧洲制作海报的主要手段。1825 年，西班牙浪漫主义画家戈雅制作了题为"波尔多的斗牛"4 张系列作品，掀开了艺术家独立创作石版画的序

图 2-3-9
票主：坂本实瑛子
制作者：西川洋一郎
（石版 云母＋箔＋金彩 11cm×9cm 2011年）

幕。因为画家可以在板材上直接绘画，能较好显示绘画的笔触效果，又可
以进行多色印刷，所以柯罗、米勒、马奈、马蒂斯、雷东、毕加索、夏加尔、
珂勒惠支等艺术家们都创作过大量的石版画。普鲁士使节在 1860 年就赠送
了一套石版画印刷机给日本幕府，但石版画在日本的普及还要等到明治维
新以后。由于现在石灰岩板材入手困难，打磨比较耗时费力，所以也有人
采用铝板来制作石版画。

　　著名石版画家织田一磨、清水洋子（图2-3-8）、西川洋一郎（图2-3-9）、
井上洋介、宇野亚喜良、建石修志等都制作了不少石版画藏书票。

凹 版

凹版印刷是在雕刻后产生的凹陷部分涂满油墨，然后用特制的刮墨机器，把空白部分的泹墨去除干净，再用压力把图文印刷到纸张等承印物上的一种印刷技术，也是一种常见的印刷方式。在藏书票的制作中，凹版印刷主要就是指铜版画印刷。

诞生于欧洲 15 世纪的铜版画，典雅庄重、细腻柔和，是西方重要的艺术表现形式。丢勒、伦勃朗、戈雅、马奈、莫奈、西斯兰、毕加索、马蒂斯等西方著名绘画大师都留下了诸多铜版画作品。

16 世纪末，铜版画随着传教士来到日本，首先出现在长崎。但由于当时铜版板材价格昂贵，且使用的纸张、墨水、印刷方法与日本木版技法完全不同，所以铜版印刷并没有在日本立即得到普及。直到 18 世纪，还局限在人体解剖图、地图等有限的领域中。明治维新之后，铜版画主要用于日本书籍的插画，直至 20 世纪初，一小部分艺术家才开始尝试创作铜版画作品。虽然日本近代最早出现的藏书票就是铜版藏书票，但在很长的时间里，日本藏书票还是以木版画为主，从数量上来看，日本铜版藏书票数量并不多。

经过几个世纪的不断实践，铜版画衍生出多种制版技法。其基本技法有：飞尘法、软蜡法、干刻法、腐蚀法等，这些技法在日本藏书票的制作上得到了应用。

雕刻版（engraving）

雕刻版就是利用工具直接在金属版上雕刻，形成清晰犀利的线条。根据板材的不同，分雕刻铜板和雕刻钢板。相对间接技法来说，雕刻版不使用腐蚀的化学方式，更能表现硬质犀利的线条。小林县华采用的就是雕刻版技法（图 2-3-10），堪称日本女流铜版画家第一人。小林县华藏书票中的人物线条硬质犀利，但亦自如流畅。线条看似简单，但却需要相当的熟

图 2-3-10
票主：ME.SUKIGARA
制作者：小林昙华
（雕刻版 9cm×6cm）

练和劳力，目前在日本藏书票界，使用这种古典的直刻法铜版技法的作家越来越少了，现在活跃的制作者只有久保卓治、三盐英春等数人。

蚀刻法（etching）

蚀刻法就是用钢针等刻画工具先在金属板表面上绘制图案，然后利用酸性类化学药品对金属板的腐蚀作用来完成蚀刻的版画技术，需要使用压机才能完成印刷。蚀刻法是铜版画中古老的技术，原则上只要可被腐蚀的金属材料都可以用来制作版画，主要有干蚀刻和湿蚀刻两种。作家一般通过控制腐蚀时间的长短来调节腐蚀的深度，从而获得不同深浅的点线效果。

图 2-3-11
票主：神山干夫
制作者：林由纪子
（蚀刻法 C2/1　6cm×6cm 2012 年）

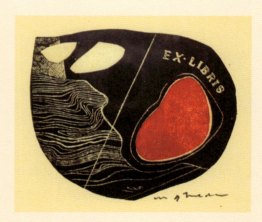

图 2-3-12
制作者：池田满寿夫
（针刻法　8cm×9.6cm）

日本的蚀刻代表作家有池田满寿夫、宫下登喜雄、古泽岩美、多贺新、横田念、井上阿方、黑田茂树、原岛典子、蒲地清尔、对比地光子、户村茂树、杉本一文、林由纪子（图 2-3-11）等。

针刻法（dry point）

针刻法是用尖钢针或金刚石尖笔直接在铜版或锌版上刻画的凹版技术。采用这种技法所刻画出来的线条并不是光滑的，一般情况下会留下不同程度的毛边，所以在印刷时会产生出特别的笔触感。

虽然这种技法不使用腐蚀液，制作相对比较简单，但在刻画时需要一定的力度，且由于金属有卷边变形等因素时常会影响印刷效果，使得刻画时不容易掌握色调。但是，相对蚀刻技法而言，针刻法能产生即兴生动的效果，缺点是一般只能成功印刷二三十张。所以，采用这种技法制作的版画家不多，池田满寿夫曾经制作过一批藏书票（图 2-3-12）。

飞虫技法（aquatint）

飞尘技法是铜版画技法中基本的技法之一，往往和腐蚀技法并用来表现微妙的明暗效果。操作时，常常先把松香粉末撒到铜版上，加热后浸入硝酸溶液，没有松香粉的地方就会腐蚀成凹陷，除去点状防腐的松香粉后，就能印刷出丰富的明暗层次。

飞尘技法可以制作出具有水彩画效果的作品，其画面的丰富变化取决于飞尘材料的粗细、疏密，而色调的深浅则可以通过腐蚀的时间来调节。采用此技法的日本藏书票代表制作者有坂东壮一（图 2-3-13）、若月公平等。

图 2-3-13
票主：K.SAKAMOTO
制作者：坂东壮一
（飞尘技法 5cm×5cm）

美柔汀（mezzotint）

在法语中，美柔汀是"如天鹅绒般的漆黑"的意思。初期的美柔汀技法不使用酸腐蚀和雕刀镂刻，仅依靠一种特制的摇凿，在铜版上反复滚压产生无数的毛点，再用刮刀和压刀把这些毛点刮平压平后，就能产生明暗层次不同的影调。美柔汀技法产生的漆黑基底和细腻、柔和且丰富的中间

图 2-3-14
票主：S.KOEDA
制作者：浜西胜则
（美柔汀 10cm×8.7cm）

调是其他技法无法替代的。

美柔汀技法 16 世纪在英国盛行时，多用于皇室的肖像画。留学法国的
日本版画家长谷川洁、浜口阳三等在欧洲学习了此技法，后带回到日本，
并影响了佐藤畅男、浜西胜则（图 2-3-14）、清水敦等一批日本版画家。

其他技法

除了采用各种版画技法之外，在日本还有使用刻纸、篆刻和照相等技
法来制作藏书票的。

早在日本藏书票发展初期，就出现了采用照相技术来制作的藏书票。比如在斋藤昌三组织发行的《日本藏票会藏票集》里，就有用照片制作的藏书票。斋藤自己也曾请朝日新闻社的妹尾为他制作过一枚照相版藏书票，画面采用的是斋藤自己的肖像。早期报纸刊登的照片颗粒非常粗，所以这枚藏书票的 Exlibris 文字非常模糊，几乎难以辨认。

工学博士樋田直人认为，篆刻可以不必拘泥于文字，如果增加图案可以更有趣。所以，樋田积极制作和推广篆刻型藏书票（图 2-3-15）。在他自己的著作《藏书票之美》的特装本（限量 125 本）中，樋田直人附送了自己篆刻的 6 枚篆刻藏书票作品。

日本著名的刻纸艺术家稗田米司用剪纸的方法制作了剪纸型藏书票（图 2-3-16），丰富了日本藏书票的制作技法。1989 年，稗田出版了《剪纸藏书票曼陀罗》（限量 30 本），其中收录了 30 枚剪纸藏书票。倪瑞良在日本也发表过剪纸藏书票，1980 年，吾八书房出版了倪瑞良的剪纸藏书票集，收录了 22 枚剪纸藏书票作品，限量发行 30 本。

图 2-3-15
票主：矿太郎
制作者：保贺金造
（篆刻　5cm×5cm）

图 2-3-16
票主 :HAYASHI
制作者：稗田米司
（剪纸　9cm×6cm）

附：藏书票的版式记号

藏书票技法多样，初入门的藏书票爱好者有时会混淆藏书票的制作技法，即使是资深的藏书票爱好者也可能搞错。比如说，斯洛伐克版画家布努诺斯基所用的技法有时连版画家们也未必能分得清楚，当然这是极端的例子。为此，国际藏书票联盟（FISAE）制定了一套藏书票技法的标准记号。

这套标准记号分 7 大类。首先是凹版印刷的 C 类。C 是铜版的 copper plate 的第一个字母，不过，这一类是按照材料的软硬程度来编号的，即 C1 是最硬的雕刻钢版，C2 是雕刻铜版。后面是采用药水腐蚀的蚀刻版画 C3，一直到 C7 的美柔汀。在实际制作的时候，版画家可能会将几种技法结合起来使用，这样的混合技法会有无数的组合可能性，因而还制定了专门的记号。

其次是凸版印刷的 X 类。X 是 xylography（木版印刷法）的第一个字母 X，实际上与木琴（xylophone）的来源相同，即希腊文的 xylo（木）。不过，材料并不只限于木质材料，还包括亚麻油毡、铅版和塑料版。所以，这里的 X 不是代表木版的意思，而是代表了凸版印刷的意思。这一类不是以软硬来编号的，比较硬的木口木版的记号为 X2，而比较软的板目木版的记号为 X1。同时还会再加上"/"符号，并在符号后用数字标注版色的数量，比如 X1/3 表示是板目木版，三种颜色。如果是手工上颜色的话，那么还要加上"Col."这个记号。

在凹版印刷和凸版印刷之外，还有一类是孔版印刷，细分为 P 类、S 类以及其他各个细分类。P 类是所有分类中品种最多的一类，有 10 个品种，P 就是 photographic 的简称，也就是说运用照相技术来制版的。但一般来说，藏书票界对这种技法并不推崇。

S 类原来只有丝网印刷（silk screen）的一个品种，后增加了日本版画家所擅长的三项孔版制作技法，即孔版（S2）、型染（S3）和合羽（S4）。1992 年国际藏书票联盟在日本北海道举行的大会上宣布，在国际藏书票联盟的 S 类标准记号中加入了此标记号，意味着用日本传统版画技法制作的藏书票得到了国际的认同。

随着版画家们的不断创新，国际藏书票联后又陆续增加了装饰文字、电脑制版等标准记号。

凸版 (relief printing)

中文	记号	英文	日文
木刻版	X1	woodcut	板目木版
木口木版	X2	wood-engraving	木口木版
麻胶版	X3	linocut	リノリウム版
锌、铅等金属凸版	X4	leadengraving	铜凸版
金属凹刻凸版	X5	zincengraving	亜鉛凸版
压克力版等其他材料的凸版	X6	plasticengraving	プラスティック凸版
篆刻·印章	X7	Stonestamp	

凹版 (intaglio printing)

雕刻钢版	C1	steelengraving	彫刻鋼版
雕刻铜版	C2	copperengraving	彫刻銅版
蚀刻版	C3	etching	エッチング
干刻版	C4	drypoint	ドライポイント
飞尘版	C5	aquatint	アクアチント
软底防腐剂蚀刻版	C6	softgroundetching	ソフトグランドエッチング
美柔汀法	C7	mezzotint	メゾチント

写真制版 (photographic reproduction)

线画版	P1	lino block	線画版
网版	P2	half-tone	網版
照相凹版	P3	photo gravure	グラビア版
轮转照相凹版	P4	roto gravure	輪転グラビア版
珂罗版	P5	collo type	コロタイプ版

续 表

照相平版	P6	photo litho graphy	写真平版
胶印平版	P7	offset	オフセット版
原作照相版	P8	Photograph	写真版
照相丝网版	P9	Photo silk screen	

孔版

丝网	S1	silk－screen	シルクスクリーン
誊写版孔版	S2	mimeography	孔版
型染	S3	katazome	型染
合羽版	S4	pasted stencil dyeing	合羽版

その他

装饰文字	E	calligraphy	装飾文字
石版	L	lithography	リトグラフ版
活字版	T	typographic	活字版
电脑绘图	CGD	computer generated design	コンピューター技術

此表格参照了日本藏书票协会的官网

注：

多色套版标注：如四套色木刻为 X1/4。

手工上彩：如 C3/Col，表示蚀刻版手工上色。

多种技法并用：如 C2 + C5，表示雕刻铜版＋腐蚀法＋飞尘法，如 X1+S1，表示木版＋丝网版。

第三章

日本藏书票的收藏

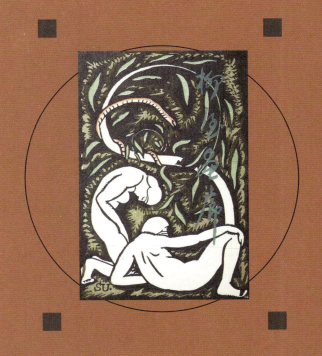

1. 如何收藏日本藏书票

美化与增值

"如同刀剑之美能让收藏家沉浸在擦拭赏玩的气氛中一样，一枚一枚藏书票带来的赏心悦目也能让藏书票爱好者痴迷在其中。与其他的收藏一样，藏书票收藏过程中的'寻票、等票、学票、悟票'也是一种令人无比喜悦的过程。"这是文学研究家、藏书家秃徹在1938年文学杂志《秃[1]》创刊号上撰写的《藏票偶感》中的一段文字，因为感同身受，曾担任第五任日本书票协会会长的吾八书房老板今村秀太郎把这篇文章收进了他主编的《收藏杂志·藏书票专辑》里。

在日本，把藏书票称为"纸上宝石"，为之倾倒的藏书家、艺术家为数不少。在这样的风气带领下，藏书票也出现了游离于书籍而成为专供欣赏的小版画的趋势。虽然有很多爱书家和藏书票制作者对此并不乐见，但也并不能扭转这样的趋势。日本藏书票界人瑞佐藤米次郎曾经说过：现在的藏书票有三分之一贴在书里，三分之一用来欣赏，三分之一用来交换。

1　秃的字义为没有头发，在日本也指短发的儿童。另外，特指日本江户时期游郭（妓院）里的幼小女童。

显然，藏书票作为一种版画艺术品用来欣赏和收藏，在日本已成为共识。实际上，正如克里夫·帕菲特在其著作《西洋藏书票》中指出的那样，1900 年以后，藏书票之所以在西方社会得到广泛的认同，也是因为藏书票开始出现了收集珍藏的功能。所以，日本社会出现把藏书票当作一种艺术小品来收藏也不是例外。

早在 20 世纪 30 年代，日本藏书票协会会长小塚省治曾经提倡过以"美化与增值"书籍为目的的藏书票创作活动，要让藏书票贴在书籍里既能增加美观效果，还能增加其艺术欣赏价值。当你在一本心爱的藏书中贴上一枚与之相符的藏书票时，难道不会感觉到一种由衷的喜悦油然而生吗？当然，这里的增值应该不是特指金钱方面的增值，而是一种收藏价值的升值。20 世纪 80 年代以后，日本藏书票热升温，藏书票爱好者迅速增加。他们比较注重追求精神层面的享受，对藏书票的投资价值并不太关心。曾担任日本桥丸善书店图书馆馆长的八木佐吉曾经说过："在亚当·斯密的《国富论》第一版里发现贴有一枚李嘉图的藏书票，这个价值怎么去评价都不为过。不过，更多的时候，我们遇到的是不知名的制作者给不出名票主制作的藏书票，从藏书票爱好者的角度来看，邂逅这样的藏书票也不失为人生的乐趣。"

日本书票协会原会长今井田勋曾在 1987 年指出，收藏藏书票有五大乐趣：第一是藏书票不像邮票或者钱币那样大量发行，因为数量少收集有困难，所以能享受到寻觅之后获得藏书票的醍醐味；第二，通过藏书票的交换，以票会友，也是人生的一大乐趣；第三，因为藏书票的数量比较少，所以更具有稀少价值；第四，自己也能制作藏书票；第五，日本藏书票的收集尚属黎明期，现在是收集的绝好机会。

从 1987 年到现在已经经历了 30 多年的变化，日本也经历了泡沫经济从鼎盛到崩溃的过程，以及之后漫长的经济低迷时期，现在日本市场上的艺术品价格比泡沫经济时期降低了很多，从这点来看，现在似乎是收集日本藏书票的更好时机。

票主的乐趣

收藏藏书票有三种主要途径：即"定制、交换、购买"，其中定制是其最具有特色的。也就是说，与其他收藏不同的是，藏书票爱好者通过定制可以成为票主，从藏品诞生之前就可以参与其中。

虽然欧美有很多预留票主填写名字的通用藏书票，但这种藏书票既不是版画艺术作品，图案和其他人雷同，缺乏藏书票独特的私人属性。而通过向版画家定制的藏书票，都是个人专属的藏书票，不仅要标上自己的名字或者特别标记，而且图案也是定制的专有图案，与他人的藏书票迥然有别。也就是说，向版画家定制一种在世界上独一无二的藏书票后，才能真正地成为藏书票的票主。

为了普及藏书票，日本书票协会每年都会编制藏书票年历，募集 12 位票主，请版画家制作藏书票。由于募集的人数每年只有 12 位，而想成为藏书票年历票主的爱好者非常多，所以不得不抽选决定，当选票主往往需要等待几年。然而，这样的等待和当选都会给这些幸运者带来格外的惊喜，以致他们过了很多年还会津津乐道。

不过，现在要成为藏书票票主已不再那么神秘复杂了。一般来说，通过网络就可以和版画家直接联系，也可以通过代理机构委托制作。承接藏书票制作的版画家都有自己成熟的规则，通常会预先说明制作的流程、上几种颜色、印刷数量和定制价格等。票主可以规定藏书票的主题，也可以完全委托制作者自由创作。在委托制作藏书票的过程中，票主还需要与制作者进行多次沟通，让制作者了解票主的想法和意图，从而完成一枚能反映票主兴趣爱好或者思想倾向的藏书票，也就是常说的"票如其人"。当你拥有了自己专属的藏书票，并把它贴在心仪的书本里，或者与其他藏书票爱好者交流、交换，其中的乐趣真是"妙处难与君说"。

在定制藏书票的过程中，票主能和很多版画家交流，成为好朋友。有些票主受到版画家的熏陶后，也会自己动手学习制作藏书票，进而成为藏书票制作者。

所以笔者认为，定制藏书票、成为票主应该是藏书票收藏的第一步。把藏书票贴在自己珍爱的书籍里，是票主独有的权利，其中的乐趣也只有票主自己能体会到。所以笔者首先希望票主能积极使用这份权利，充分享受这份喜悦。然后，通过交换等方式，扩大视野，加深对藏书票的认识，进一步享受无穷的藏书票之美。

藏书票交换

交换是收藏藏书票的主要方法之一。成为票主后，就可以与其他票主交换自己的藏书票了。藏书票属于版画，可以限量复制，不过，一般一种藏书票的印刷数量不会超过 100 枚。票主除了自用之外，可以拿出部分藏书票与同好者交换。简单来说，如果你定制了一种藏书票，限量印刷了 80 枚，自己预留 30 枚的话，就可以和 50 位藏书票爱好者交换，获得 50 枚不同的藏书票。

以票会友也是藏书票收藏的乐趣之一。某个秋季，笔者与大连著名收藏家张同庆相约在东京进行藏书票交换。虽然在此之前，我们素昧平生，但是因为一枚小小的藏书票有了一次愉快的交流。我们交换了版画家浜西胜则的藏书票作品，丰富了对版画家浜西作品的理解。

日本书票协会内田市五郎绘制指出："藏书票交换有一定的规则，最主要的就是等值等量交换。等量交换就是藏书票爱好者用相同数量的藏书票互相交换，但等值交换就比较微妙了，由于藏书票通常是没有价格标准的，所以这里的价值只能由爱好者自己判断，互相都感觉到值得，那么就可以交换。如果有一方认为不值得，完全可以停止交换。当然，如果交换双方都愿意的话，也可以不受这些规则的束缚。比如日本有一些大收藏家更愿意其他藏书票爱好者拥有自己的藏书票，所以在交换过程中对等值等量的规则就不太重视。"

图 3-1-1　藏书票正面
票主：小枝昭一
制作者：山口和雄
（铜版　C7 8 ×11cm　1999 年）

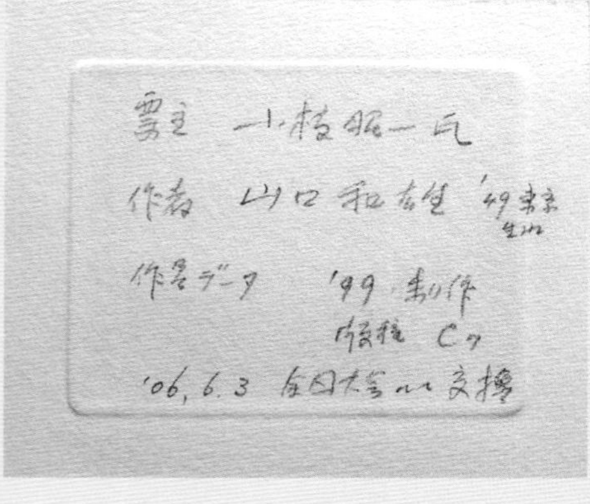

图 3-1-2　藏书票反面

在藏书票交换的时候，一般会在藏书票背面用铅笔标明藏书票制作者的姓名、国籍、制作时间以及制作技法（图3-1-1，图3-1-2），便于日后整理。在交换的时候，往往一边互相观看对方的藏书票，一边交流关于藏书票的相关话题，了解交换方藏书票的制作目的、要求和票主的感想，从而增加对那枚藏书票的认识。在藏书票交换过程中最忌讳的是匆匆忙忙地选择和交换，更忌讳强迫性交换。

虽然藏书票属于小众收藏，但却是一项国际性的文化收藏活动。每年世界各地的藏书票协会和沙龙都会组织各类活动，而这些活动都是学习藏书票知识、交换藏书票的好去处。

除了面对面地进行交换之外，也可以通过书信往来与世界各地的藏书票爱好者进行交换的。日本大收藏家岸茂丸在11 年的藏书票收集经历中，通过书信往来与海外的藏书票爱好者交换了 1.5 万枚藏书票，令人惊叹不已。当然，书信往来的交换并不能保证每次都能遇到诚实的人，好在各国的藏书票协会常常会把那些不诚实的人列入黑名单中，所以在准备用书信交换的时候，可以先查一下相关信息。

购买与收藏

当然，我们说成为藏书票票主是收藏藏书票的第一步，但这并不是绝对的第一步。也就是说，不成为票主也是可以直接收藏藏书票的，那就是和其他收藏一样，通过购买的方式，只是这样的收藏缺少了成为票主的乐趣。

随着网络技术的发展，近年在网上购买藏书票已成为购买藏书票的主要途径之一。20 世纪八九十年代，日本曾出现过藏书票热，不少出版机构、书店都曾出版过多种藏书票、藏书集，不过由于最近日本藏书票爱好者的人数比日本泡沫经济时期大幅度缩水，出版社选题策划的项目也基本上销声匿迹了。但是在日本雅虎拍卖网等网站上都有藏书票的交易，藏书票爱好者很容易就能购买到自己中意的藏书票。

现在网络带来的便捷是不言而喻的。但是，面对扑面而来的庞大信息时，有喜也有忧。喜的是可以浏览到很多原来难以一见的藏书票，激发起购买的欲望。但网络上的信息有时候又比较零散，甚至也有鱼目混珠的，这个时候就会平添一些忧愁，到底要购买呢还是放弃呢？

如果有机会去日本，到日本旧书店（日本称之为古书屋）购买藏书票也是一种美好的体验。日本的旧书市场发达，珍稀图书的流通渠道也比较畅通。在东京的吕古书店、PPBOOKS 等专营各类美术和珍稀图书的旧书店里都能寻找到日本藏书票。如东京神保町的山田书店、东京大学对面的森井书店等这类专营古书店也都有自己的特色，每年都会编制图书目录寄给他们的主顾，收藏者可以对照这些图书目录按图索骥，也可以看到相关资料和当前市场价格。

分门别类的收藏方法

日本藏书票的形式主题多种多样，遇到什么就收藏什么是一种方法，而进行专题的收藏也不失是一种有效的方式。

当藏书票的数量收藏达到一定量的时候，就可以按照一定的分类来进行整理。对藏书票的分类并没有明确的规定，所以，藏书票爱好者可以根据自己的兴趣爱好以及收藏的数量灵活应对。一般可以按照藏书票的制作者、主题、票主来分门别类地进行收藏，或者以铜版、木版等自己喜欢的技法来分。

按照制作者来整理收藏藏书票是藏书票收藏中最简便的一个分类方法。在日本，藏书票制作者通常都是版画家，有些还是非常著名的版画家。他们对大尺寸的作品兢兢业业，对藏书票这样的小品也不掉以轻心，都投入了热情去精心制作。明确收藏哪一位日本作家的作品后，可以多查阅作家的文献资料、刊发的绘画作品和文字作品。

根据自己的兴趣爱好选择藏书票主题，从而形成自己的收藏特色，是不少藏书票爱好者追求的境界。从主题来看，希腊神话、圣经故事、风景建筑、人像裸体、日常生活等都是大家关注的主题。比如，医生土屋文明业余时间致力于野鸟的保护，其藏书中 1/4 是关于生物演变的内容，所以他的藏书票以鸟类主题居多。锄柄守三酷爱昆虫，因而请了诸多版画家为他定制昆虫主题的藏书票，松菱多津、关根蒸治是《格利佛游记》《堂吉诃德》版本书籍的收集爱好者，所以藏书票中不乏与之关联的主题。

一枚藏书票因票主而诞生，也会因票主而成为一枚兼具艺术和史料双重价值的珍品，所以按照不同的票主来收藏藏书票也是一个非常有意义的途径。比如坂本一敏、庄司浅水等票主的藏书票吸引了很多藏书票爱好者。这些著名的票主往往会写文章或者以其他方式与藏书票爱好者分享他们对藏书票的情感，除了与藏书票爱好者交换藏书票之外，他们还愿意把自己的藏书票汇编成册，馈赠同道之人。所以，从这些票主的角度来收藏，也可以增加阅历，提高自己的收藏品位。

精品藏书票收藏的甘苦

在收藏藏书票的过程中，如果能对一枚藏书票的前生后世去作调查的话，很有可能把一枚"普通"的藏书票变成一枚"精品"藏书票。所以说，精品藏书票不一定就是有名的版画家制作的藏书票，或者是名票主的藏书票，精品藏书票需要从时代特征、人文内涵等背景因素和藏书票本身的精美程度以及印刷数量等各种因素综合起来分辨才能确定。当你通过调查研究，发现一枚"普通"的藏书票原来是一枚非常值得收藏的"精品"藏书票的时候，得到的欢愉一定是难以形容的。

笔者在得到涩谷修制作的这枚藏书票（图 3-1-3）时，对书票的制作者、票主等情况一无所知，由于尺寸大于日本普通的藏书票，且画面里没有 Exlibris 的标志，只有"柳屋画廊"四字，所以笔者在第一时间甚至无法确定它就是一枚藏书票。但是这并不影响笔者对作品的欣赏，黑白对比强烈的画面、简洁的人体造型和流畅的线条着实反映了画家的绘画功底。后来，笔者找机会和版画家卢治平也一起分享了这

图 3-1-3
票主：三好米吉
制作者：涩谷修
（木版 12cm×8cm）

幅作品，卢先生对这幅作品给予了高度评价。可是，只凭落款"SU"根本无法考证出作者是谁，好在《季刊银花》第 50 期为笔者解开了这个谜团。这期杂志用两个版面介绍了涩谷修近 20 枚藏书票作品，其中有一枚正好是笔者收藏的。

在确认了藏书票的制作者之后，笔者又很快查到藏书票上"柳屋画廊"的主人三好米吉的相关信息。柳屋画廊位于大阪，是一家经营古董和旧书的书店，同时还出版《美术和文艺》杂志。三好米吉不仅是大阪地区近代出版史上的重要人物之一，也是一位藏书票爱好者。竹久梦二曾经为他制作过多枚藏书票，留下了《蘑菇》等藏书票代表作品。在厘清这枚藏书票的相关信息的同时，笔者发现这枚藏书票也是日本藏书票黎明期的一枚代表作。当时日本正处于新兴美术运动的活跃期，森田恒友、中川纪元等那时期的一些前卫画家都参与过藏书票的制作，起到了启蒙和示范作用，但他们制作的藏书票数量不多，历经了关东大地震、战争等天灾人祸，保留下来的非常稀少。经过多重困难而保留下来的这枚藏书票，是一枚能真实反映出大正时期浪漫主义创作风格的作品，不啻为一枚珍品。从艺术的角度上看，这枚藏书票堪称日本现代主义萌芽期的经典藏书票之一。

因为笔者住在东京武藏野，所以在阅读了版画家宫下登喜雄的铜版画插绘本《我的武藏野》（1993 年）后，对宫下的版画产生了兴趣。实际上，宫下登喜雄也是著名的藏书票制作者，制作了大量的藏书票，仅在原野贤吉编目的《原野备忘录：日本藏书票》里就有近 400 枚宫下藏书票的记录。这样，笔者就一边查阅资料一边收集，先后购入了《宫下登喜雄铜版藏书票集》（吾八书房，1982 年）《铜版色情藏书票集》（吾八书房，1995 年）、等藏书票集，让笔者感到最为得意的一件事，是从东京横穿日本，在日本海沿岸的一家旧书店里"发现"宫下的杰作藏书票集《Tokio Miyashita》（图 3-1-4）。

这本《Tokio Miyashita》由丹麦的 Exlibristen 出版社在 1977 年出版，限定 100 部，现在已经很难见到了。这本很薄的小册子并不起眼，与宫下其他的藏书集相比一点也不豪华，而且只收入了5枚藏书票。但明显可以感受到出版社对这本藏书票作品集是十分重视的，在册子里特地用了日、英、法、德四种语言来介绍作者和作品，对宫下推崇备至。文中对宫下将铜版画和木版画的技法结合起来的工艺给予了高度的肯定。笔者认为，这5枚糅合了浮世绘的鲜艳色彩和铜版画的细腻的藏书票，给人带来了强烈的视觉冲击，无疑是宫下制作的藏书票里最为耀眼的作品。这本藏书票集也是日本藏书票制作者在海外出版的第一本藏书票集，无论对宫下个人还是对日本藏书票界而言，都有着特别的意义。

竹久梦二虽然不是版画家但也曾经做过一些藏书票，非常受人欢迎。樋口直人在他的《藏书票之美》中罗列了竹久梦二的藏书票，基本上把竹久的藏书票都列出来了，但百密一疏，笔者偶然在《梦二加州客中》一书中看到竹久梦二手绘的一枚藏书票（图3-1-5）被樋口遗漏了。这枚藏书票是竹久客居美国时画的，很有可能是他的最后一枚藏书票。不知为什么已经被火烧去了一角，这里面肯定有故事，值得我们去探究。

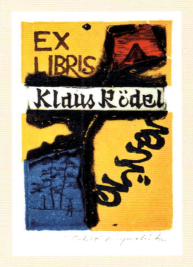

图 3-1-4
票主：KLDUS RUDEL
制作者：宫下登喜雄
（铜版　C3+C1/4　9cm×6cm）

图 3-1-5　竹久梦二最后的手绘藏书票

失之交臂的遗憾

在收藏活动中令收藏者最为牵肠挂肚的往往是那些没有收藏到的珍爱之物。在笔者的藏书票收藏过程中，错过了一枚山本六三制作的藏书票，一直让笔者不能释怀。

笔者在家附近的旧书店里看到过一本生田耕作的著作，里面不仅有生田的签名，还有一枚山本六三制作的藏书票。20 世纪 80 年代前后，神户的版画家山本六三和阿丰斯·井上等人一起切磋藏书票制作的时候遇到了知音——京都大学的教授生田耕作。生田不仅请他们为其书籍制作插画，也向他们定制藏书票。但山本留下的藏书票并不多，价格非常贵。正是这个原因让笔者一时下不了决心，心想反正旧书店就在家的附近，如果想买的话，过两天再来还是可以买的。然而，过了几天再去旧书店发现那本书已经被人买走了，这让笔者感到非常懊恼。

不过，通过资料的查询，笔者发现了一本藏书票集收入了山本六三制作的藏书票。那就是 1980 年出版的《Klaus Stiebeling 藏书票集》，汇集了古泽岩美、阿丰斯·井上、筱原佳尾、山本六三，多贺新五位日本铜版画家的藏书票。这样的豪华阵容可谓空前绝后。票主是常住在日本的德籍藏书家 Klaus Stiebeling。这本书限量发行 100 册，现在在市面上很难看到，但应该还是有机会购入的。

好奇心带来的意外发现

笔者曾在网络上发现一套美国藏书票收藏家和设计师协会发行的《年鉴》（图 3-1-6），但卖家没有提供图片，只在简单的介绍中注明原收藏人是小塚省治。笔者凭直觉感到这或许是一套对研究日本藏书票史十分有帮助的资料。因为小塚省治是日本藏书票协会的创办人，并在 20 世纪 30 年代与海外藏书票界有很多的交流，这套《年鉴》应该是当时他们交流的见证。出于好奇，笔者迫不及待地直接去了旧书店看实物。

果然是不枉此行。这套《年鉴》里贴了小塚省治的藏书票，确确实实是他的收藏品。更让人惊喜的是，这套《年鉴》里有一篇专门介绍日本藏书票状况的文章，而这篇文章得以出版又经历了非常坎坷的过程。当作者普雷斯科特把这篇文章的手稿寄给《年鉴》的时候，编辑对日本藏书票非常陌生，无法确认文章的真实性，于是就把这篇手稿寄给了研究日本文化的权威弗雷德里克·斯塔

图 3-1-6　美国藏书票收藏家和设计师协会发行的《年鉴》（1939 年）

尔博士，请他确认。因为当时斯塔尔博士已经准备去日本访问，所以对手稿做了一些简单的修改后又寄回给编辑，并附信说他会在日本继续做一些确认工作。但没有想到的是，斯塔尔博士在日本访问时去世了。为了对读者负责，编辑又把这篇手稿寄给了日本藏书票协会创始人小塚省治。小塚不仅提出了一些修改意见，还提供了 4 枚藏书票原票。这样到 1939 年，《年鉴》才终于刊登了普雷斯科特这篇介绍日本藏书票的文章，而这时候离作者去世已经有 7 年之久了。这篇文章的坎坷经历说明了编辑的严谨态度，也让同样做过编辑的笔者由衷地敬佩。

这篇写作于 20 世纪 30 年代初的文章对笔者研究日本藏书票有很大的参考价值，因为这正是日本藏书票刚刚兴起的时期，相关记录比较少。同时，这本《年鉴》还贴附了 4 枚风格迥异的木版藏书票，更是难得的珍品。这些藏书票制作时间在 1933—1937 年之间，主题分别是体现日本文化的青蛙

图 3-1-7
票主：YOSHIO KITA
制作者：矢野桥村（1937 年）

的故事、秋田冬季的生活、日本的花卉和生物。其中有一枚藏书票是画家矢野桥村制作的（图 3-1-7），更是弥足珍贵。矢野参与创建了日本南画院，在日本画坛具有重要地位。《年鉴》的这枚藏书票很有可能是他制作的第一枚藏书票。

这本《年鉴》只发行了 255 册，笔者手中的这套编号为 103，原收藏人小塚省治在封二、封三还贴上了自己的 2 枚藏书票。这次寻觅的过程让笔者体会到，有时跟着自己的直觉走很重要。在《年鉴》中，笔者发现了具有史料价值的 6 枚藏书票实物以及相关文章，这种意外的惊喜就是收藏中的乐趣。

联络感情的藏书票

藏书票本来是应该贴在自己所收藏的书里而门外不出，密不示人的，但诚如版画家户村茂树所说的那样，藏书票还应该可以在大千世界里起到把藏书票爱好者和大家联系起来的作用。所以，藏书票在制作者和票主手里，就不仅仅只局限在书房里，而是可以有多种运用藏书票的方式。

笔者手里有一枚盖有 1933 年邮轮冰川丸邮戳的明信片，上面不仅贴了邮票，还端端正正地贴了一枚 4 色的木版画藏书票（图 3-1-8）。这枚藏书票有 EX.LIBRIS 的标记，没有票主姓名，不过，明信片上还有一个逗号型印章，里面有青溪两个字。据笔者考证，青溪是日本著名邮票收藏家竹

图 3-1-8　明信片上的藏书票

村温次郎的号。他把邮票的兴趣爱好和藏书票的兴趣爱好结合起来了。实际上，明信片上贴的"一钱五厘"的邮票是田泽昌言于1933年设计发行的普通邮票。不过，现在品相好的高面值田泽邮票也早已成为集邮爱好者垂涎的珍品了。这种邮票与藏书票的结合完全能扩大藏书票爱好者的群体。

　　在日本，每到年底，大家都喜欢互相寄贺年片。日本邮局抓住这样的机会，推出有奖贺年片，而且还保证元旦的早上寄到。虽然市面上有很多现成的贺年片，但大家还是最看重手写的贺年片，这就给经常制作藏书票的版画家提供了一个很好的机会。很多版画家都会制作藏书票贺年片寄送

163

给亲朋好友，也有人请版画家为他们制作藏书票贺年片，大收藏家坂本一敏后来还专门把前川千帆、川上澄生等很多版画家为他制作的藏书票贺年片汇集成册，馈赠亲友。笔者手里也收藏了几枚藏书票贺年片，有宫下登喜雄、塚越源七、大岛龙、平塚昭夫、村上户久（图 3-1-9）等版画家在不同年代寄给收藏家锄柄守三的藏书票贺年片，现在也都是弥足珍贵的纪念品了。从这些藏书票贺年片的图案和文字中，也可以体会到藏书票制作者与大家交流的眷眷之情。

图 3-1-9　贺年片

制作者：村上户久

（型染 6cm×6 cm ）

2. 日本版画艺术与藏书票收藏

对于收藏而言，追求优秀的作品，挖掘优秀的作家是不变的王道。如果将日本藏书票当作"小版画"来收藏鉴赏的话，我们就不得不去了解日本的近现代版画。因为日本的藏书票也是在继承了日本传统版画的基础上，伴随着日本近代版画艺术的发展而发展起来的。

艺术家们对版画的探索与战前的日本藏书票

创作版画是油画家山本鼎在 1906 年提出的版画创作的新理念，正好对日本刚刚引进的藏书票发展起到了催化作用。美术文艺杂志《平旦》以连载形式刊登了山本鼎的《关于西洋木版》，文中"创作版画"这个新理念受到格外的关注。日本传统浮世绘版画制作是以绘画师、雕版师、印刷师三者分工合作来完成的，虽然精美但不免流于市侩匠气，所以即便是 19 世纪末浮世绘在西方获得高度评价，在日本国内依然被视为市井文化的一部分。明治维新以后，铜版画、石版画以及照相技术在日本生根开花，传统的木版画很快失去了原有的市场。作为幕府时代最后一代的浮世绘画师们有些转身为报纸杂志做插画，找不到新媒体工作的绘画师则分散到一些工坊，比如为陶瓷器作底画。在日本版画陷入低谷的时候，山本提倡"自绘

图 3-2-1
票主、制作者：石井柏亭
（木版 5cm×6cm
20 世纪 30 年代）

图 3-2-2
票主：北川文库
制作者：森田恒友
（木版 6.7cm×5.2cm
20 世纪 30 年代）

自刻自拓"，即版画家一个人来完成版画所有的工序，强调版画家无需受工序的束缚而自由创作，这个理念对重振日本的版画有着历史性的意义。第二年，山本鼎、石井柏亭（图 3-2-1）、森田恒友（图 3-2-2）三位油画家又创办了《方寸》杂志，使得创作版画有了一个推广的平台。

　　然而过分强调"自绘自刻自拓"，反而束缚了版画家们的手脚，并且由于受到技法和市场认知的限制，"创作版画"面临着发展的困境。这个时候，被称为"迷你小版画"的藏书票却发挥了优势作用。因为画幅尺寸较小，制作技术上难度相对比较低，不仅一般画家容易制作，就是藏书票爱好者也能来尝试。更重要的是，藏书票作为西洋文明的符号已被日本所接受，已经有了一定市场需求。也就是说，票主向版画家定制藏书票确保了版画家的收益，这也使得版画家有经济收入来创作更多的版画。从这个意义上来说，藏书票的制作给创作版画运动提供了一个重要舞台。不过由于天灾人祸，早期投入创作版画运动的版画家们留下来的藏书票非常少，因此如果能遇到那些藏书票，应该毫不犹豫地收藏起来。

　　20 世纪初，留学欧美的日本画家们回国后推崇版画，带来了一股新风。其中，由留法画家黑田清辉组织的日本油画团体白马会，最先组织了西洋版画作品展，介绍了阿尔丰斯·穆夏、波纳尔、斯泰因勒、罗特列克等多位作家的版画作品。特别是捷克斯洛伐克画家穆夏的象征主义石版画海报，给日本国内带来了巨大的视觉冲击。日本很快就发起了新艺术运动，不仅影响了艺术创作，还波及广告业和建筑业。从著名油画家藤岛武二装帧设计的《明星》杂志以及与谢野晶子的诗歌集《乱发》上，就可以看到新艺术运动的冲击力。这些出版物的畅销也显示了带有强烈的穆夏式的浪漫主义风格在市场上受欢迎的程度。后来德国象征主义画家马克斯·克林格尔、挪威表现主义画家爱德华·蒙克等画家的版画作品也陆续来日展出，这些西方艺术使日本的前卫艺术得到空前的释放。前卫派艺术家在制作藏书票时也发挥了他们的天马行空的想象力。围绕在《方寸》《月映》《假面》这三本版画专业杂志周围的 20 多位版画家如恩地孝四郎、长谷川洁、清宫彬、木村壮八（图3-2-3）等也积极参与了藏书票的制作。从"未来派"的涩谷修（图 3-2-4）、中川纪元（图 3-2-5）、山内神斧、横井弘三、长谷川小信等前卫画家制作

图 3-2-3
票主：丰仲未鸣
制作者：木村庄八
（木版 11.2cm×7cm
20 世纪 30 年代）

图 3-2-4
票主：T.AOYAMA
制作者：涩谷修
（木版 6.3cm×5.1cm 20 世纪 30 年代）

图 3-2-5
票主：斋藤昌三
制作者：中川纪元
（木版 6.2cm×6.2cm 1949 年）

的带有达达主义和表现主义气息的藏书票中，可以看到 20 世纪 20 到 30 年代之间日本新兴美术运动的时代气象。他们的活动不仅对很多日本画家进行了藏书票的启蒙，而且对"创作版画"在日本的推广更是起到了意想不到的促进作用。只是他们流传至今的藏书票数量极为有限，要收藏他们的藏书票非常不容易。或许是因为这一原因，《季刊银花》杂志在第 50 号上特地刊登了涩谷修等版画家们的部分藏书票作品，让藏书票爱好者得以大饱眼福。

成功地摆脱了版画制作技术束缚的竹久梦二在日本艺术史上占据了很高的地位，也为我们留下了一些经典的藏书票。竹久的藏书票不是他亲自雕版印刷的，有些也不是用木版手工印刷的，而是采用了特殊的机器印刷，但也取得了木版画的效果。受竹久梦二以及创作版画运动的影响，在书籍装帧界崭露头角的恩地孝四郎不仅自己带头制作藏书票，也积极邀请版画家山口进、深泽索一、川西英（图 3-2-6）、平塚运一来制作藏书票。1939 年，恩地组织了版画研究会"一木会"，探讨和创作版画。"一木会"

学员山口源、加藤太郎、关野准一郎、
斋藤清、守洞春、若山八十氏等也积极
响应恩地的号召，努力制作藏书票。虽
然并非所有学员都喜欢这样小尺寸的藏
书票制作，更多的是将藏书票作为推广
创作版画的载体。但也有一些画家，如
关野准一郎、川上澄生、前川千帆、武
井武雄等不仅乐于制作藏书票，也喜欢
使用藏书票，他们在日本藏书票界有着
举足轻重的地位。

图 3-2-6　马戏团
票主、制作者：川西英
（木版　7cm×5cm　1950 年）

1936 年，东京美术学校（东京艺
术大学的前身）油画系毕业的武井武雄
在恩地孝四郎的引荐下，遇到了志茂太
郎，此后开始制作藏书票。在此以前，
油画系毕业的武井已经开始热衷于版画的创作，并在面向儿童的绘画方面
有了一定的地位。然而在接触藏书票之后，又以严谨的探索态度制作了藏
书票，并独具一格地开发出邮票型藏书票。在藏书票方面武井也是多产的
制作家，他给日本书票协会的书票历制作了 38 种藏书票。而现在可以确认
的武井武雄制作的藏书票超过了 200 种。

前川千帆在 1938 年指出：藏书票曾经被当作是一种版画工艺品，但我
们更觉得是一种版画艺术品。因为是艺术品，就需要制作者惨淡经营，精
心制作。但是更重要的是，制作者需要有艺术的品位和纯真的态度。从这
样的认识中可以看到，日本艺术家对藏书票制作抱有的态度。基于这样的
创作态度，前川千帆在创作了大量的木版画的同时，也制作了很多藏书票（图
3-2-7），出版了《前川千帆藏书票集》等多部藏书票集，同时还给书票历
制作了 16 种藏书票。

在美国阿拉斯加的罐头工厂工作过一段时间的川上澄生（图 3-2-8）

图 3-2-7
票主：IRENE D.PACE
制作者：前川千帆
（木版 8.4cm×6.3cm 1950年）

图 3-2-8
票主：高桥启介
制作者：川上澄生
（木版 6cm×4.7cm 1956年）

对日本长崎的异国文化风俗、明治开化时期的社会风俗尤为关注。独特的经历和特殊的关注，形成了川上澄生朴实怀古的艺术风格。作为创作版画的倡导者，川上的作品从原画到最后的拓印全部是他自己一个人完成的。1925年，川上制作了他第一枚藏书票之后，对藏书票的制作保持了极高的热情，他曾经为小塚省治的《日本藏书票协会第五藏票集》提供了4种藏书票，也在28年的岁月里给日本书票历提供了27种藏书票。1983年中公文库出版川上全集时特别编辑了第11卷《藏书票集》，让渴慕川上藏书票的爱好者可以阅读到他的藏书票作品。

"一木会"重要成员关野准一郎是一位多才多艺的艺术家，他写诗也创作小说，在版画方面更是涉及了板木木版、木口木版、铜版、合羽版、拓印等各种版画技法。他用这些技法创作的版画插绘本是日本藏书票爱好者必备的日本限定本，同时也出版了多种藏书票集。仅1948年，关野就出版了3本藏书票集，仅"裸妇票"就有60种之多，可见其制作藏书票的精力是多么旺盛。

畦地梅太郎也是恩地孝四郎的门生，以山为主题的版画让他在日本版画界有了立足之地，他的版画也被日本皇室收藏，可见其艺术价值和在画坛的地位。1938 年，畦地、小栗庆太郎和异人馆四郎组成版人堂，开始制作藏书票。在相互的切磋中，他留下了"山男"等个性化的藏书票（图3-2-9）。

这些画家在战后对藏书票制作依然投入了较大的热情，为藏书票在日本的普及推广做出了杰出的贡献。无论从藏书票艺术创新、创作数量，还是从创作持续性来看，都让后辈感到望尘莫及。当然，从收藏角度看，更是绝对不可缺少的一部分。

图 3-2-9
票主：小京修平
制作者：畦地梅太郎
（木版）

再接再厉的木版画与藏书票

1950 年以后，日本版画在世界舞台的频频获奖，让日本版画市场出现转折与复苏，更是促进了日本藏书票的发展。

战后的日本百废待兴，1951 年"五月沙龙"春季美术展的举办，1952年东京国立近代美术馆的开馆，宣告了日本国内美术界开始恢复生气。日本版画也开始在世界舞台上受到关注，特别是在威尼斯和圣保罗两大国际美术展上，日本现代版画家们崭露头角，备受瞩目。在 1951 年第一届圣保罗美术展览会 46 位日本参展画家中，最受注目的就是版画作品。驹井哲郎的铜版画《束的瞬间的幻影》和斋藤清的木版画《凝视》获得了大奖。次年，栋方志功和驹井哲郎在第 2 届卢加诺尔国际双年展上获得优秀奖，1956 年栋方志功的木版画《激情的女人们》在第 28 届威尼斯国际版画双年展上获

图 3-2-10
票主：山内藏书
制作者：栋方志功
（木版手彩 9cm×7cm 1938 年）

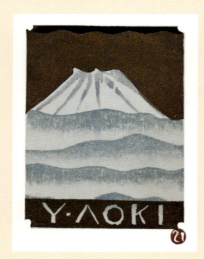

图 3-2-11
票主：H.VOKI
制作者：萩原英雄
（木版 8.5cm×6.5cm 1997 年）

得金奖。接连的国际获奖，使得版画在日本受到重视，之后日本版画也如日本的经济高歌猛进。

实际上，曾经立志成为日本凡·高的栋方志功，原先也是想在油画方面有所突破的，但是在苦闷的摸索道路上，有一天他突然想到，在日本不是有凡·高也推崇备至的北斋、广重的版画吗？日本是版画发展的地方，他感悟到只有版画才能让自己的生命更加充实。后来栋方指出，他是用木版表现出他的灵魂的，他坚持自己创作的是"板画"，而不是曾经作为复制品代名词的版画。与很多版画家制作方法不同的是，栋方创作时往往用版画刀直接在木板上雕刻，一气呵成，他的藏书票也沿用了这样的风格，淋漓豪放的刀法使他的藏书票作品看起来格外虎虎有生气。图 3-2-10 是栋方志功在吾八书房《收藏》杂志上刊登的一则藏书票制作广告的样品，虽然是早期的尝试，但已经淋漓尽致地展现了栋方自己的风格。

日本现代版画在国际上频繁获得奖项，也激发了日本年轻画家创新、实验、追求版画新的艺术表现，从而让日本的版画进入日本抽象的隆盛期。除了上述两大国际展会，20 世纪 60~70 年代，日本版画家在其他国际性美术展也是屡屡获奖。比如浜田知明、吉田穗高、荻原英雄在瑞士的卢加诺国际版画展览会上获奖，加纳光於、关野准一郎等在南斯拉夫卢布尔雅那国际版画展览会上获奖，黑崎彰、野田哲也在波兰克拉考国际版画展览会获得大奖。这些奖项进一步刺激了日本国内对版画和藏书票的需求。

无论是曾经作为复制工艺的木版画，还是大正后期作为新兴美术的创作版画，木版画都是深入日本人心中的艺术，日本画家对木版画也是情有独钟。比如，北冈文雄、荻原英雄（图 3-2-11）、斋藤清、清宫质文、黑崎彰等这些油画专业

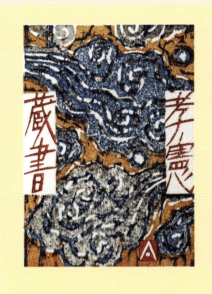

图 3-2-12
票主：孝宪藏书
制作者：黑崎彰
（木版　X1/4　9cm×6cm　2000 年）

毕业的画家，多少年后再一次回头向内心寻求，最后都选择了木版画这种绘画语言。在志茂太郎和恩地孝四郎的邀请下，这些画家都参与了藏书票制作，虽然制作数量屈指可数，却给日本藏书票注入了新生命。相对来说，日本木版画藏书票数量多，比较容易收藏，将这些恬静古朴、耐人寻味的木版藏书票贴入书里，不仅美化了书籍，更为爱书者营造了美好的阅读氛围。

20 世纪 60 年代后期，作为现代木版画旗手的黑崎彰华丽登场。不过，作为日本版画史研究家、版画教育家，黑崎彰举办的人生第一次个人展是油画展。油画展后，黑崎彰突然对浮世绘产生了兴趣，开始自学木版画创作。20 世纪 70 年代，黑崎彰以浮世绘技法和抽象的绘画语言，向我们展示了"红的暗黑"世界。更难能可贵的是，黑崎彰还留下了《灵山》《风》（图

3-2-12）这两枚具有代表性的藏书票。

画家萩原英雄创作的藏书票也总是让票主们非常期待。萩原毕业于东京艺术大学油画系，40多岁开始从油画转到版画创作上。1979年起担任日本版画协会理事长，因创作现代版"三十六富士"系列，被誉为日本"近代版画之祖"。萩原制作过不少以富士山为主题的藏书票，虽然这些藏书票并未使用他惯用的两面印刷的

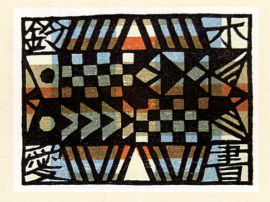

图 3-2-13　双鱼
票主：铃木兴之助
制作者：马渊圣
（木版 X1/4　5.6cm×7.4cm 1966 年）

技法，尺寸比"三十六富士"小很多，但这些藏书票依然如萩原所说的，那是故乡的山，是与思念父母的心情紧密地联系在一起的富士山。

在书票历中，版画家马渊圣的《双鱼》（图3-2-13）作品让人印象很深。1920年出生的马渊圣毕业于东京美术学校，受到父亲也是木口木版雕刻师的马渊录太郎的影响选择了木版画创作。不过敢于创新的他，逐步走出了自己的一条新路，并于1981年就任日本版画会会长。马渊创作过多枚类似双鱼变形主题的藏书票，不过马渊说，大家可以自由地解释这样的图案，比如冷色代表天空和大海，暖色代表大地；平凡的鱼可能遨游大海，也可能是飘扬在蓝天里的日本儿童节的鲤鱼旗。马渊的思路极其开阔，他还说过，人们未来去宇宙之间读书也是极有可能的。

1970年以后，日本藏书票和日本现代版画一样，在国际美术会展上非常活跃，连连获奖，取得了骄人的成绩。大家认为适合表现日本传统美学意识的木版画藏书票，让爱书家重温了"浮世画"，这也是日本木版藏书票值得被收藏的魅力所在。

对传统艺术的再反思与型染藏书票

　　型染藏书票可以说高度继承和发扬了日本的传统，也是继木版、铜版之后，又一种富有晕染变化的表现手法。型染藏书票在日本藏书票爱好者中受欢迎的程度，恐怕是日本之外的藏书票爱好者无法理解的。型染作为藏书票的一种制作技法，在很长一段时期里并没有得到国际的公认。为此，土屋文男在《书票欣赏》中不无惋惜地写道：型染藏书票爱好者之间只能用 katazome，略记号"K"来标识型染藏书票。但是，在日本藏书票相关组织和人员的推动下，国际藏书票联盟（FISAE）终于在 1993 年接受型染这种技法，此后在 FISAE 颁发的藏书票记号里增加了 S3 型染、S4 合羽版的选项，代表作家有：芹泽銈介等。

　　日本近代美术在福泽谕吉提倡的"脱亚入欧"和冈仓天心强调的"东方精神观念之优越性"的两种观念交织之下拉开了帷幕。在西方各种艺术思潮的影响下，不少画家们对日本的传统绘画产生了质疑，认为日本画缺乏逼真性、过于平面化，转身崇拜起西洋画。但日本美学家柳宗悦、河井宽次郎、滨田庄司等人在 1926 年却发起了一场民艺运动，主张重新审视散落在日本民间的艺术作品、强调东方精神之美。这个运动意义深远及至 21 世纪的今天，仍在继续。栋方志功、芹泽銈介、武井武雄、金守士大夫等当时一批艺术家直接参与了这场民艺运动，也是民艺美学思想的践行者。

　　第一位将型染技法运用到藏书票上的，正是 1956 年凭借"型染绘技法"被认定为日本重要非物质文化遗产保存者的芹泽銈介。早在平安时代，奈良春

图 3-2-14
票主：　制作者：芹泽銈介
（型染 6cm×5.4cm　1956 年）

175

图 3-2-15 堂吉诃德
票主：关根蒸治
制作者：小岛德次郎
（型染 k/4 7.5cm×6.5cm 1989年）

图 3-2-16 洋灯
票主：家内裕典
制作者：松原邦光
（型染 S3/5 9cm×7cm 1994年）

日大社国宝殿中国宝"赤丝威铠"中就使用了型染技术，但在很长一段时期内并不被看重。20世纪20年代，芹泽受到这场旨在抢救日本传统工艺运动的影响，将冲绳的"红型"技法和"文字绘"结合，发展出了各种适合现代设计的型染技法，包括版画、书籍装帧和藏书票的制作领域。在藏书票中，芹泽擅长用文字来绘画，用绘画来写字，鲜明的意匠心和丰富的诗意无不让人觉得构思巧妙（图3-2-14）。

芹泽不仅自己制作了大量的藏书票，而且还影响了一批弟子，如村上元彦、小岛德次郎（图3-2-15）等型染版画家也都留下了很多型染藏书票。在型染藏书票方面松原邦光、松原秀子、村上户久、吉田桂介、伊藤纯夫、神崎温顺、冈村吉右卫门等人的佳作现在是比较容易入手的。

出生在京都的松原邦光曾经做过和服友禅的绘画师，所以对型染版画很有感情。1982年，松原为日本书物研究家庄司浅水制作了自己的第一枚藏书票，这让他感到非常荣幸。从那以后，松原大约制作了200多枚藏书票。松原擅长用型染技法来表现忽明忽暗的跳跃的光影，以营造别样的异国风情。这枚是以型染技法为基础，结合合羽版方式的油灯主题的藏书票（图3-2-16）。油灯在花卉和女性的背景衬托下，带你进入弥漫着神秘色彩的房内。

如果说独特性是收藏时最为重要的要素，那么在以木版、铜版为主的藏书票世界里，别致的型染藏书票就非常值得收藏了。事实上，型染藏书票融入了日本民间工艺、散发着日本传统美学意识，色彩浓郁却不艳俗、粗犷中有韵律、稚拙又不失雅致，让人爱不释手。

铜版画的国际获奖与铜版藏书票

早期的日本藏书票里，铜版藏书票相对比较少，但是随着日本铜版画在国际上不断获奖，制作铜版藏书票的队伍也开始壮大起来。

在日本民艺运动蓬勃开展的时候，日本美术界的民主主义运动也在以瑛九、泉茂为中心的版画家的号召下开展起来，他们倡导画家要从传统的美术体制中解放出来，自由地追求艺术。这些年轻的艺术家们，诸如后来成为日本版画巨匠的瑛九、池田满寿夫、泉茂等为了追求前卫的表现，不再局限于木版画，而是以自由表达为前提，积极使用铜版、石版、锌版等各种技法。他们的努力取得了成功，1956年浜田知明的铜版画《初年哀兵》获得第4届卢加诺尔国际双年展的优秀奖之后，日本的铜版画家如浜口阳三、管井及、加纳光于、池田满寿夫、宫下登喜雄等几乎每年都有画家获得国际大奖。如果仅从获奖角度看，这个时期的日本铜版画可以与同一时期在国际上斩获多项奖项的日本木版画相提并论。但在当时的日本藏书票世界里，还是以木版藏书品为主，铜版藏书票制作者并不多。

1966年，池田满寿夫以彩色原色铜版画获得了第33届威尼斯国际版画双年展上金奖，可以说直接点燃了日本铜版画的艺术市场。在日本经济持续高速发展的背景下，画廊、出版社、书店积极地策划出版藏书票集，快速带动了作为小版画的铜版藏书票的人气。例如，1977年冲积舍策划出

版了坂东壮一（图 3-2-17）的第一套铜版藏书票集。1979 年，吾八书房
主持募集票主发行了《小林县华的藏书票作品集》，一共收录了 49 枚铜版
藏书票。这些藏书票集在当时都非常有人气。

　　20 世纪 90 年代以后，日本的铜版藏书票频频在国际藏书票展上获奖，
可以说进入了日本铜版藏书票的黄金时代。1991 年，岩佐直人获得捷克斯
洛伐克藏书票比赛协会会长特别奖；1993 年，桐村茜获得斯洛伐克国际藏
书票比赛第 2 名；1998 年，户村茂树获得第 2 届布拉迪斯拉发国际藏书票
3 年展最高奖；2001 年，杉本一文获得第 4 届格利维采国际藏书票比赛评

图 3-2-17
票主：斋藤专一郎
制作者：坂东壮一
（铜版 6cm×11cm）

委特别奖；2005年获得第4届捷克国际小版画藏书票3年展拜劳思奖。

　　户村茂树回顾说，他1970年开始制作铜版画，第一枚藏书票则是在1984年制作的，但真正地对藏书票感兴趣还是在5年之后，那是波兰版画收藏家马德斯克给他介绍了捷克斯洛伐克的版画家布鲁诺夫斯基藏书票作品，这让户村重新认识到藏书票这种非常古典的铜版画，完全可以演绎成与古典书籍相匹配的、可供收藏家赏玩的版画作品。户村认为优秀的藏书票更能刺激观赏者的想象力，于是他开始制作藏书票（图3-2-18）。

　　阿尔冯斯·井上制作的藏书票可能一开始就不准备让票主贴在书里，

图3-2-18
票主：SHOICHI KOEDA
制作者：户村茂树
（铜版　7cm×7cm 2003年）

图 3-2-19　惺忪
票主：ICHIGORO UCHIDA
制作者：阿尔冯斯·井上
（铜版 8.5cm×10.8cm）

　　因为他的藏书票尺寸通常都超过 10cm，已经不太适合贴在书里了。井上的小版画藏书票（图 3-2-19）唯美而煽情，让藏书票爱好者垂涎欲滴，欲罢不能。但井上制作的周期比较长，有些票主为此需要等到上 5~6 年。

　　在铜版技法中，集细腻、柔美、理性于一体的美柔汀技法，似乎是最合适表现日本美学观的版画语言，如同日本俳句中讲究余韵，幽玄的格调把人带入寂静的幻境。代表作家有鹿取武司、清水敦、佐藤畅男、生田宏司等，他们制作的藏书票深受世界藏书票爱好家的推崇和关注。

　　20 世纪 80 年代，版画家浜西胜则的一幅美柔汀版画入选捷克的版画

图 3-2-20　月光
票主：贺强
制作者：浜西胜则
（美柔汀　11.5cm×8.5cm　2019 年）

国际展。捷克著名的藏书票收藏家看到后，就要求浜西为他制作藏书票，那是浜西第一次制作藏书票。深受美国乡村艺术影响的浜西逐步形成了自己的艺术风格，但每次制作藏书票都会让浜西经历如何超越自己的苦斗，因为藏书票制作是制作者和票主的合作，两个不同世界的人进行合作本来就不容易。但是浜西积极与票主沟通，努力用自己的艺术去表现票主希望的意境，让人深深地感受到一种匠人精神。

浜西胜则在为笔者创作的藏书票《月光》（图 3-2-20）中，巧妙地使用了日本传统的屏风画和金箔装饰的概念，这些和西洋铜版画技法的结合

丝毫没有违和感。被分割成两个小画面，
仿佛是交错摆放的屏风，不禁让人想起 16
世纪初大阪河内长野的金刚寺所流传的
《日月山水图》。金箔装饰下的月光把人
引入到了一个静谧的阅读空间，仿佛可以
听到波纹联结着漩涡处生命的涌动声，也
许这就是版画家浜西的用心之处吧。

在日本文化熏陶下的日本铜版藏书票
具有浓郁的日本味道，在世界的铜版藏书
票中很容易地找到日本的铜版藏书票。所
以，和日本的木版藏书票一样，日本的铜
版藏书票也具有极高的收藏价值。

图 3-2-21
制作者：原岛典子
（美柔汀　11.9cm×9.5cm）

日本铜版藏书票的代表制作者有：古
泽岩美、佐藤畅男、多贺新、坂东壮一、
阿尔冯斯·井上、浜西胜则、宫下登喜雄、篠原佳尾、岩佐尚、柄沢斋、
山本进、蒲地清尔、涌田利之、林由纪子、黑田茂树、原岛典子（图 3-2-21）、
杉本一文、若月公平、对比地光子、户村茂树、小林昙华。

日本版画家的自票

所谓自票，就是版画家为自己制作的藏书票，也可以说是版画家与自
己的对话。因为不会受到票主委托的限制，版画家在形式和主题上能最大
限度地自由发挥，所以，自票也是一个可以清晰认识版画家艺术风格的视角。

虽然有版画家表示不喜欢制作藏书票，也有如著名版画家斋藤清坦言
自己并不擅长制作小尺寸的藏书票，但大部分日本版画家还是秉承"作品
就是画家生命体的表现形式和延续"的理念，对藏书票创作投入了激情。

版画家多贺新在《美术月刊》（1990 年）中回忆："与版画作品相比，

藏书票是非常不起眼的东西，方寸之间似乎很难展现它的美，但细细品味却还是能回味无穷。藏书票的制作好像是在密室行动，让人心动，但又要像工匠那样，必须平静淡泊。本来我并不关注藏书票，但是越做越觉得有趣。藏书票有把玩的功能，还能充当人与人交流的使者，这些都让我感到无比的欣慰。"

版画家浜西胜则在给笔者的信件中也指出，藏书票虽然不是大作品，但在藏书票制作中可以加上一些游戏的成分，这也是艺术的另一个境界。可见，日本的版画家能够理解藏书票的功能和意义，在藏书票这样小尺寸的作品里也尽量展现了他们的艺术想象力。

北冈文雄的《钓鱼》（图3-2-22）

日本代表性的版画家北冈文雄喜欢钓鱼，而且乐此不疲，无比享受，所以鱼就当仁不让地成为他自用藏书票的主题了。鲜活生动的鱼，无不洋溢着北冈钓到鱼时的喜悦之情。这枚用和纸印刷的藏书票采用了传统的板目木版技法，用绿紫色稍作点缀，不失现代感。

北冈毕业于东京美术学校油画专业，后去巴黎留学，但他没有继续深造油画，而是在法国国立美术学校学习木口木版版画。北冈的版画作品多以日本的风土人情为主题，但他不沉溺于日本传统美的意识，也不追随欧美的艺术潮

图 3-2-22
票主、制作者：北冈文雄
（木版 X1/4 7cm×6cm 1988 年）

流，而是在版画上不断做各种实验性的探索。在日本版画家占有一席之地的北冈，也先后在美国、俄罗斯、中国等地举行木版画作品展览，举办过绘画讲习。1987 年，北冈受邀来到中国，惊讶地发现北京的李桦、重庆的

王叠泉也是藏书票的粉丝，这才知道中国版画家也喜欢藏书票。

不过，北冈制作的藏书票并不多，往往相隔几年才受托制作一两枚。北冈清晰记得第一次制作藏书票，是受到志茂太郎先生委托，那时日本还处于战后的废墟中。

斋藤清的《猫》（图3-2-23）

斋藤清是日本版画大师。1951年，他的代表作《凝视（花）》在圣保罗双年展上获奖，这是日本版画第一次在国际获得奖项，所以在日本美术业界产生了巨大反响。斋藤走上版画之路也是偶然。最初学习油画的斋藤，油画作品始终不被认可，让他深受打击。后来邂逅恩地孝四郎，进入"一木会"学习版画后，逐渐在木版画方向展现出他的才华。斋藤出生于日本福岛县会津，毕生作品多以故乡会津为题材，晚年也索性搬回故乡，陆续创作了"冬系列"、《会津的柿子》等作品。

图 3-2-23
票主、制作者：斋藤清
（木版 X1/3 8cm×6.8cm 1988 年）

这枚藏书票沿袭了斋藤一贯的绘画风格，造型简练概括，单纯的线描和色块的组合，却赋予画面强烈的装饰感。猫是斋藤版画创作的三大主题之一，虽然在见到暹罗猫之前，斋藤对猫并不十分热心。一次在朋友家里遇到暹罗猫之后，一见倾心，并开始了《凝视》等关于猫的主题系列版画的创作。制作这枚藏书票时，斋藤已经是版画界大师级人物了，但他说：我并不擅长小尺寸的制作，所以我如履薄冰地制作了这枚藏书票。这枚自票中的猫，恰如其分地显示了制作者小心翼翼制作，却又跃跃欲试的神态。

池田满寿夫的《脸》（图3-2-24）

池田满寿夫是活跃于版画、雕塑、小说、电影等各个领域的日本著名艺术家，也是继栋方志功之后，于1966年获得威尼斯国际版画双年展金奖的版画奇才。他的作品令人难以置信地囊括了20世纪六七十年代威尼斯、东京等国际版画展览的奖项。1977年，池田还以小说《献给爱琴海》获得了第77届芥川小说奖。在日本还曾出现了"池田艺术"的现象，获奖之后，池田首次发行的20种600幅铜版画新作在发售当天就全部售罄。这批作品总价高达1500万日元，这笔钱在当时东京23

图 3-2-24
票主、制作者：池田满寿夫
（木版 X1/3 10cm×8.5cm 1988年）

区内可以购买到七八套的100平方米的房子。池田和栋方志功、斋藤清、驹井哲郎并列，四人被公认为奠定日本版画在国际地位的版画家。

池田与藏书票也有不解之缘。在成名之前，他曾经制作过一批彩色铜版画藏书票。为此，他印制了数千张，正是这批藏书票的制作对池田版画技艺的提高起了十分重要的作用。不过在那以后，池田几乎就没有再制作过藏书票了。直到1988年，在日本书票协会今村理事的邀请下，池田才再次制作了这枚藏书票。

这枚题为《脸》的藏书票中，池田虽然延续了其铜版画的一贯风格，但却没有采用铜版技法，而是改用了板目木版的技法。在作者附言中，池田对近年来藏书票已经脱离了其本来的作用而表示遗憾。他希望藏书票制作者和爱好者要重新思考，让藏书票有更好的发展。池田创作这枚《脸》的自票，可以说既是对藏书票发展的督促，也是寄予了殷切的希望。

古泽岩美的《反抗的奴隶》
（图3-2-25）

在室伏哲郎编纂的《版画百科典》中，称古泽岩美是日本超现实主义的拓荒者，也被认为是"日本的达利"。1958年，古泽岩美、滨田稔、佐久间阿佐绪等7人组成了新超现实主义美术团体，积极进行创作。文学家三岛由纪夫极力推崇古泽的人体画，称赞其人体画是具有品格的，绝不色情。

古泽虽然擅长油画和大型版画，但制作藏书票也不敢掉以轻心。古泽曾经这样描述过他创作藏书票的过程：每一次创作裸女藏书票，总是先把铜版安置好，再把针研磨好，才开始画。不过，拿起了钻石针很快又放下了，因为心里也会踌躇，犹豫不已。那就先点上烟，把嘴里的烟喷向天花

图 3-2-25
票主、制作者：古泽岩美
（铜版 C3　10cm×6cm　1986 年）

板，然后站起来，走到院子里去。不知过了多久，终于在瞟了一眼风信子的花蕾后，又回到画室里坐好，不过还是没有开始画，而是倒了一杯咖啡，好像在慢慢地品尝，又好像在绞尽脑汁地思考。最后，灵光一闪，拿起钻石针，一气呵成。有时候，这样的创作过程要持续两三天，可见古泽的创作态度是多么严谨。而在其严谨态度下，画出的裸女也都绚丽多姿，栩栩如生。

痴迷于米开朗琪罗的古泽岩美坦言，他从米开朗琪罗作品中获得了无比强大的力量，而这枚藏书票的主题正是来自米开朗琪罗的代表作《反抗的奴隶》，表现了被束缚的、被压抑的人类渴望自由、渴望抒发内心激情的愿望。实际上这也是古泽对艺术追求的一种写照。

宫本匡四郎的《抱膝裸女》
（图 3-2-26）

制作此枚藏书票时，宫本不禁想起一位已故的好友、水曜庄主人酒井德男。1951 年，宫本去拜访在东京新闻社工作的酒井，想问他借些钱，没想到却遭到酒井的拒绝。后来，酒井是用请宫本制作藏书票的方式解决了宫本急需用钱的问题，从此他们成为至交。不过，当时宫本并不知道什么是藏书票，完全是在赶鸭子上架的情况下走上了藏书票制作之路。

宫本 1915 年出生于日本占据下的台湾，师从画家加藤政雄学习油画。1960 年在东京中央公论画廊举行第一次个展后，参加了在纽约的日本抽象作家 40 人展。20 世纪 70 年代后，又在巴黎、比利时等多次举行个展，出版有《裸妇感情》《山脉》《合唱》等版画集。

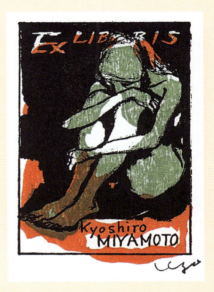

图 3-2-26
票主、制作者：宫本匡四郎
（木版 X1/3 8.5cm×6cm 1986年）

相对其丰富的版画作品，宫本的藏书票作品非常少。比起细腻柔和、甜美妩媚的女性，宫本创造的女人体让人感到生命的存在感，是作为孕育生命体的母性之美。日本民俗学家柳田国男曾经说过，自古以来，日本就认为女性有着神秘的力量，日本人内心深处对女性的崇拜从未消失。宫本的女人体木版藏书票就恰如其分地显示了日本的这种美学。

德力富吉郎的《歌舞伎》（图 3-2-27）

德力富吉郎出生于绘画世家，其祖上是西本原寺的绘画师，家族第一代到第三代的绘画作品都被视为日本国宝级的作品。在京都有这样家传的自然属于风流人物，德力富吉郎是德力家第 12 代传人，以版画家、茶人等身份活跃在日本画坛，也是京都创作版画运动的中心人物。德力富多次在纽约等海外举办个展，其版画代表作有《京百景》，出版著作有《版画随笔》《日本的版画》《版画入门》。

这枚木版藏书票取材于日本传统的歌舞伎。德力富说，他尝试着做戏剧方面题材的作品，特别是最具日本特色的歌舞伎的题目，却发现许久没有写生了。为了创作这枚藏书票，德力富泡在剧院里不断地观摩，最终选择了歌舞伎中演出次数最多的《暂》剧里的人物场景。德力富对藏书票十分着迷，制作了不少藏书票作品，其作品多以佛教题材为主。1990 年吾八书房还专门出版了一部《德力富吉郎木版藏书票集》。

图 3-2-27
票主、制作者：德力富吉郎
（木版 X1/4 8.3cm×6.5cm 1988 年）

大内香峰的《读书》（图 3-2-28）

北海道出生的诗人画家大内香峰最初学的是水墨画，后来喜欢制作书籍，所以就转到版画方面来了。他认为在书籍这样限定的小空间里，可以更好地锤炼自己的技法和工艺。大内擅长用西方的木口木版技法刻画细腻的线条，然后用日本传统的板木木版技法印上绚丽的色彩，从而形成他的艺术风格。1980 年，大内香峰在吾八书房第一次接触到藏书票后，立刻认为这种小尺寸的版画与他自己的创作方向有很大的重合之处。此后，他就一发不可收拾地制作起藏书票来，并有机地把藏书票和书籍集合起来，发行了《我爱书画文集》等很多限量版藏书票诗画集。

大内制作的藏书票多以他的家乡的自然风光和北海道人民淳朴的生活为题材。在这枚藏书票里，大内用细腻的线条和古朴的颜色勾画出了日本北方秋天的韵味。书票上方是北海道的街道，马车上的人低头看书，书票下方是作者的书桌一角。细腻温馨、充满诗意的画风为大内赢得了"墨彩诗人"的美誉。

图 3-2-28
票主、制作者：大内香峰
（木口木版＋板目木版　6.9cm×5.9cm）

3. 主题收藏与日本特色的藏书票收藏品

藏书票的主题收藏

按主题收藏藏书票是一个比较常见的方式，而日本藏书票的主题又是如此之多，你能想到的主题在日本藏书票里都可以找到。

藏书票研究家帕菲特在比较了日本和西方藏书票的特点后指出：日本藏书票比西方藏书票，在主题方面具有更高的自由度。西方藏书票的主题比较狭隘，但日本藏书票的主题似乎没有什么限制，从古代钟表、煤油灯等几乎只能在古董店看到的怀古物品，到具有怀旧情怀的蒸汽机车、帆船等 20 世纪的交通工具，甚至是日常生活中的一些非常不起眼的小玩意儿，都可以拿来作藏书票的主题。诚如日本思想家、美学家柳宗悦所说的那样：美是生活的产物，美来源于自然的恩惠和传统的力量。一切的生活之美都被日本的藏书票制作者拿来作了主题。

笔者在前面的主题欣赏部分里，已经列举了四季风景、各地风俗、民艺玩具等主题，但那些并不是日本藏书票的全部主题。实际上，日本藏书票的主题是应有尽有，只要我们用自己的审美眼去分类，一定能找到自己喜爱的主题。

经典主题收藏

裸体和情色是欧洲藏书票中的经典题材，其品种数量之多，在西方藏书票历史中占有不可忽视的地位。早在 1898 年，英国人格里森·怀特在《现代藏书票和它们的设计师们》中就曾经对藏书票中裸体主题的泛滥做过批判，但这并不能影响个人的兴趣爱好。目前，裸体和情色依然是全世界范围内受到藏书票爱好者欢迎的主题，从来不曾失去过它的魅力。

为什么在藏书票世界里，裸体乃至情色的主题藏书票会受到如此欢迎，成为东西方藏书票收藏中不可或缺的主题呢？

工学博士樋田直人在《藏书票之美》中给出了一种解说：因为书籍中贴了裸体乃至情色的藏书票，所以就有了拒绝书籍外借的理由。这样的说法可能是来源于日本藏书票制作的先驱者中田一男。中田曾说，他接受定制好色藏书票通常被票主用于贴在绝不外借的珍藏书籍上的，其他人是无缘目睹的。据斋藤昌三的考证，中田曾经在梅原北明的情色杂志里做过编辑，应该制作过不少的情色藏书票，不过因为都是门外不出的，所以直到现在都很难看到中田的情色藏书票作品。

不过，在近代日本藏书票历史上，裸女主题并没有占据重要的位置，在数量上和西方相比更为稀少。的确，江户时代浮世绘中的大量春宫图、情色图书容易让人联想在性观念开放的日本会出现大量裸体、情色的藏书票，不过实际情况正好与此相反。日本政府对裸体图像的管制是非常严格的，比如江户时期就曾经明令禁止过色情图像，不仅春宫画不能出版传播，就连一些有人气的歌舞伎名角的画像也不能出版。不过，这些禁令敌不过市井百姓的喜爱，几乎成为废纸。到了明治时期，日本政府对于艺术作品中的裸体管制得更加彻底了。畅销杂志《明星》就因为刊登了裸女图像而惨遭封杀，当时还掀起了裸体画到底是"纯粹的艺术"还是"猥琐的色情"等激烈争论。1895 年，第 4 届日本国内劝业博览会展出的黑田清辉的"晨妆"裸女图（二战中被烧毁）就引起纠纷，警察出来要求用布遮盖住画面中人体的下半部分。事实上，直到第二次世界大战结束，日本对于没有任何遮掩的人体摄影是禁止出版的，对于出版物的管理也相当严格。

但是，藏书票毕竟是私人使用品，不需要通过有关部门审核，也不在公共领域发行，所以基本上不会有遭遇警察查封的风险。尽管日本政府的管制比较严格，从 20 世纪 20 年代开始，日本还是陆续出现了以裸体为主题的藏书票。比如在日本藏票会的第 1 次、第 2 次交换中分别出现了 4 枚、9 枚裸体藏书票，到第 3 次交流会时增加到 26 枚。1946 年，斋藤昌三还专门出版了一本《日本好色藏票史》，介绍了 20 世纪上半叶日本的情色藏书票历史，这些以裸体画为主的藏书票，在日本统称为"裸妇藏书票"。

这个主题也一直贯穿了日本藏书票史。战后，最早出现在日本书票协会书票历里的裸女藏书票，是 1947 年清宫彬制作的一枚木版藏书票。1949

图 3-3-1
票主：碑田米司
制作者：守洞春
（木版 9cm×5cm 1971年）

图 3-3-3
票主：河野英一
制作者：宫本匡四郎
（木版 9cm×5cm ）

年，前川千帆延用其《浴泉谱》风格制作了一枚裸女洗浴藏书票。不过在丰富多彩的日本藏书票主题里面，裸女藏书票并不十分突出，从数量上来说也只是一小部分。然而，这个主题依然给艺术家们提供了完美的舞台，我们可以看到守洞春裸女的质朴（图3-3-1），梶山俊夫裸女的荒诞（图3-3-2），宫本匡四郎裸女的奔放（图3-3-3），城景都裸女的风骚（图3-3-4），可谓绰约多姿，悦目娱心。

日本著名版画家如栋方志功、若山八十氏、涉谷修、中川纪元、关野准一郎等都曾经制作过裸女体藏书票。1949年书籍装订家内藤政胜主持的青园壮发行了一本《裸妇票》的藏书票集，征集到了62位票主，收录了关野准一郎制作的64张木版裸女藏书票（图3-3-5）。1959年，绿笛豆本会发布了好色藏书票系列，其中有一集是《中田一男作品集》，让藏书票

图 3-3-2　无心
票主：长谷川八五郎
制作者：梶山俊夫
（木版　X1/3 9cm×7cm 1996年）

图 3-3-4
票主：Y.OHKI
制作者：城景都
（铜版 8cm×6cm）

图 3-3-5
票主：内藤政胜
制作者：关野准一郎
（木版 9.4cm×5.7cm 1971 年）

爱好者可以一睹那些秘藏佳作。这些藏书票集几乎都是定向发售的，其发行量基本上都在 40~70 册之间，可以说是在极小的范围内交流，一般的日本国民几乎没有机会见到这些裸女藏书票。

拜劳斯的情色藏书票是世界收藏家追逐的目标，其混合了洛可可式的优美和比亚兹式的颓废主义的藏书票在日本同样备受推崇。但是直到 20 世纪 80 年代，这些藏书票在日本是无法公开出版的。1979 年，法国文学研究家、京都大学的生田耕作教授因出版《拜劳斯画集》而受到了横滨地方检察厅起诉，最终被迫辞职。直到 20 世纪 90 年代，随着宫泽理惠等当红艺人的裸体写真集的发行，日本才逐步解禁了色情书刊的公开发行。所以如果以性器官为参考值来区别裸体藏书票和情色藏书票的话，20 世纪 50 年代之前，我们看到的这类日本藏书票基本还是以裸体图案为主，很难归类到情色上去。

实际上，情色藏书票在西方也出现得比较晚。帕菲特在《黄金时期的西洋藏书票》中指出，即便是在19世纪末到20世纪初的西方藏书票的黄金时代里，情色藏书票也不常见，大部分人气艺术家都很少涉足情色藏书票，有时为了保持设计的"体面"，他们往往会用一缕头发或花束之类的来遮挡性器官，甚至有些艺术家们反对性器官的描绘。

随着日本经济的高速发展以及信息交流的多样化，日本版画家们也开始愿意挑战这些主题了。或许是受到西方情色藏书票的影响，日本铜版画家涉及此类主题更多一些，池田满寿夫、多贺新、古泽岩美、宫本匡四郎、宫下登喜雄、岩佐直人、杉本一文、林由纪子、阿尔冯斯·井上、城景都等纷纷参与了这类主题的制作，他们施展各自的拿手本领，制作出很多争奇斗艳的裸女藏书票。眷写版画家川田喜一郎用眷写版技法制作的这类藏书票也都充满了趣味，无丝毫淫秽之感。

画家多贺新的情色藏书票的创作也是始于人生之偶然事件中。多贺新真正接受订单制作铜版藏书票是从1983年开始的，那时风格偏向荒诞。1999年初夏，他因癌症接受了大手术。手术后，多贺新给自己取名"后半期"，创作内容也随之大改，也是自那以后，制作了不少大胆新奇的情

图 3-3-6
票主：SHOICHI KOEDA
制作者：多贺新
（铜版 9cm×5cm 1995 年）

色藏书票（图3-3-6）。多贺新说，在生死徘徊的住院期间，有了对生命重新思考的时间。从鬼门关能够重新回到人世间，对生命有了新的感受。作为艺术家，多贺新这时候的情色绝不是颓废的表现，而是生命活生生的体现，用情色描写来展示生命的活力，这样的主题也赢得了不少藏书票爱好者的欢迎。

收藏贴在书籍中的藏书票

收集贴有藏书票的书籍也是一种很有意义的主题收藏。

贴在书里的藏书票通常有3种情况。一种是书籍出版时附赠的通用藏书票，也就是没有票主名字的既制藏书票。还有一种是在出版限定本、特装本时附赠的作者自己的藏书票，而更多的是那些购买了心仪的书籍之后由票主贴上去的、普通读者的个人藏书票。

日本早期附赠的通用藏书票很多也是用木版画技法来制作的，虽然也有和其他拥有者雷同而失去个人独特标志的缺陷，但是在藏书票需要普及的年代，这样的通用藏书票也有其历史价值。1941年，朋文堂出版的加藤泰三《雾之山棱》中就附赠了一枚用彩色木版画技法制作的通用藏书票（图

图3-3-7 《雾之山棱》（1941
年）中的通用藏书票
制作者：不详（木版）

3-3-7）。图案是登山必需的标有等高线的地图和指南针，恰如其分地对这本以登山为主题的书籍进行补充，在图案的下面留有空白供收藏者填写自己的姓名。出版社并没有把这枚藏书票当作促销的一种手段，而是当作这本书的一个组成部分，因为在两年后的第二版里也有这张藏书票。作者加藤泰三是一位雕刻家、画家，也是一位登山家，然而在出版了这本书的3

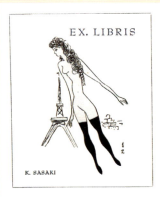

图 3-3-8 　《宝石书之书》中附赠的藏书票
票主：佐佐木桔梗

年后就在战场上殒命，让日本的登山爱好者都为之痛惜。加藤这本唯一的著作后来被不断地翻印，而翻印的书籍却没有这枚藏书票了。

日文把 Bibliophile 翻译成爱书家，并把爱书家定义为喜爱书籍这种物体之人。日本很多爱书家不仅喜欢在收藏的书籍里贴上自己的藏书票，而且还喜欢在自己的著作出版时贴上自己的藏书票附赠给购买者。一般来说，这种贴有作者自票的书籍往往是所谓的限定本，即发行数量有限的书籍，或者是特别装帧的书籍，在日本也称特装本。

佐佐木桔梗是专门出版限定本的出版家，他出版的书籍用纸考究，装帧精美，同时也会在他出版的那些限定本里附赠他的藏书票。比如《宝石书之书》里附赠了东乡青儿的藏书票（图 3-3-8）。这枚藏书票是佐佐木桔梗征得东乡本人的同意，采用东乡的图案制作的藏书票。在《续美学奥义》等书里有日本战后女性版画家的代表小林悬华制作的藏书票。水耀庄主人酒井德男也是一个玩物不丧志的爱书家，在他的出版物上也会贴上他喜爱的藏书票制作家宫本匡四郎的藏书票。实际上，宫本的藏书票几乎成了酒井书籍的标志。日本禁书研究家城市郎在他的《禁书三味》的限定本里贴了梶山俊夫制作的藏书票。

日本书志学家泰斗级人物庄司浅水也是藏书票的爱好者，他在 1930 年出版的《书物与装订》中就撰文介绍过藏书票，在他的著作限定本里几乎都贴有他的藏书票原票。比如，在 1980 年新闻出版社为他出版的十四卷《庄司浅水著作集》（200 部）限定版里就贴了版画家对马鹰雄（图 3-3-9）等 14 位藏书票制作家的藏书票，每卷 1 枚，这在日本出版史上也是一个创举。

这些贴有藏书票的限定本、特装本定价非常昂贵。比如贴有中村三郎藏书票，并选用人间国宝芹泽制作的型染布来制作封面的庄司浅水著作《我的爱书记》（图 3-3-9），1963 年出版时的定价为 4800 日元。而当时，创元社版的精装单行本的定价约在 600 日元，岩波书店出版的文库本定价只有 50 日元。显然，作为提升书籍价值的重要手段，藏书票的作用在那时已经显现出来了。

当然，把自己的藏书票贴在珍爱的书籍里是藏书票最常见的用法，在旧书店淘到的旧书里的藏书票往往也是这一类。收藏贴在书籍里的藏书票可以说是收藏藏书票的王道。而因为其可遇不可求，就显得更加珍贵。通常出其不意的邂逅，往往会使收藏者感叹不已。

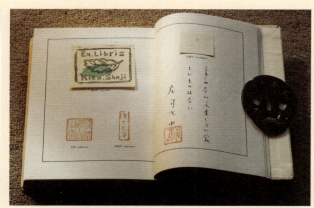

图 3-3-9 《我的爱书记》（1963 年）
票主：庄司浅水
制作者：中村三郎（木版）
对马鹰雄（左图，铜版）

日本特色的藏书票收藏品

用什么样的方式欣赏藏书票并没有一定之规。曾任日本书票协会会长的关根蒸治就把各种藏书票贴在书房里，甚至贴到天花板上，这样满眼看到的都是他喜欢的藏书票。也有人把收藏的藏书票汇集成册，编成书籍的形态来欣赏，这一形式也很快得到了大家的认同。

在日本经济快速发展的时期，这类藏书票集出版比较多，进入 21 世纪之后，藏书票集的策划日益减少。通常这类藏书票集的发行数量很少有超过百部的，所以从收藏角度看也是非常值得的，现在更难入手。笔者整理出一些具有代表性的日本藏书票集与大家分享，供藏书票爱好者参考。

藏书票集

藏书票作为与书籍最直接关联的一种艺术小品，流传到日本后迅速得到认可，这是因为日本人普遍喜爱读书，有爱书、藏书这样的社会基础。因而在日本除了拿来实际使用贴入书籍，或当作小版画挂在室内的单枚藏书票，还有类似书籍形式编辑出版的藏书票集。

所谓藏书票作品集（藏书票集）就是汇集藏书票原票，并将其编辑成书籍的形式发行的一种流通形式。与用照相制版大量印刷的藏书票作品集、藏书票目录等有所不同，这些藏书票集里贴附的都是藏书票原票，因为发行数量极为有限，所以只在日本藏书票爱好者群体的小范围中流通。可以说，这样的藏书票集也是日本藏书票界的特点之一，也是日本藏书票流通中的重要形式。

本来，在日本喜爱藏书票的都是爱书家，所以乐于见到书籍形式的藏书集。于是热心推动和普及藏书票的一些出版商、画廊或书店企划纷纷行动起来，出版藏书票集并募集票主。制作完成后，票主先取走一部分藏书票，余下的部分就集结成册公开销售。20 世纪 70 年代以后，日本藏书票集出现兴旺发达的局面。相关单位策划了主题藏书票集、随笔藏书票集、藏书票诗画集、藏书票绘本等各种书籍形式的藏书票作品集，以满足藏书票爱好者、爱书家、版画收藏家的需求。

比如吾八书房、日本古书通讯社、《银花》杂志等日本古书店、画廊、出版社为日本不少版画家策划和发行过藏书票集，而藏书票制作者也以这样的形式自行发布他们的藏书票。比如《木口木板大内香峰藏书票集》（限量56本，1981年吾八出版）、《城景都藏书票集》（限量35本，1990年未来工房）（图3-3-10）、栗田政裕《木口木版画书票集》（限量30本，2003年博克斯伍德）等都是受到高度评价的藏书票作品集。

除了以版画家个人名义出版的专集之外，也有以特定的题目来编辑的，比如《志茂太郎追悼纪念票集》（限量80本，1981年日本书票协会）汇集了芹泽銈介、关野准一郎、金守世士夫、大本靖、武井武雄5位版画家的10枚藏书票作品，《北国书票集'92》（限量300本，1992年日本书票协会'92世界书票会议执行委员会）汇集了芹沢銈介、关野准一郎等5位版画家集中表现日本北方风土的10枚藏书票作品。《横田稔铜版书票集·博

图3.-3-10 《城景都藏书票集》
制作者：城景都
（限量35本，共35枚，1990年未来工房）

图 3-3-11　藏书票集《博物志》
（限量 100 本，共 50 枚，1984 年 吾八书房）
制作者：横田稔

物志》（限量 100 本，1984 年吾八书房）（图 3-3-11）汇集了横田稔以
博物志为题材的 50 枚藏书票作品，《铜版情色藏书票集》（限量 70 本，
1995 年吾八书房）汇集了宫下登喜雄以情色为题材的枚藏书票作品。

　　这些藏书票集里的藏书票都是一枚一枚手工印刷，然后逐一粘贴到集
子里的藏书票原票。由于采用了原票，这类藏书票集一般发行量数量非常
有限，从几本到几十本，很少有超过 100 本的。有时候也会有只发行 1 本
的藏书票集，比如屉川太郎编的《书票十八集》汇集了武井武雄、前川千帆、
原义明、山高登、三井永一、松原邦光等 18 位版画家的 25 枚藏书票作品，
只发行 1 本。

　　被这些富有特色装帧、丰富有趣的主题吸引，笔者也收藏了一些日本
的藏书票集。和收集一枚枚藏书票相比，这样的藏书票集带来的审美体验
和阅读的喜悦是不同的，比如《山高登书票作品集》（图 3-3-12）（限量

88 本，1989 年吾八书房）中的 36 枚藏书票
可以满足你对日本明治时代风俗的想象。如
果你特别中意某位日本藏书票制作家，笔者
就更加建议不妨去尝试收藏一本有关他的个
人藏书票集，有助于更整体地了解这位作家
的藏书票作品，也可以尝试将自己已收藏的
藏书票，制作一本独一无二的藏书票集。

藏书票插图本

从奈良时代出现绘卷本以来，插绘本在
日本也有 1000 多年的悠久历史了。明治维
新以后，西方活版印刷传入日本，日本的印
刷业迅速发展。为了制作出一本别具匠心的
图书，出版机构、装帧家、作家、画家使出
了浑身解数，其中使用版画作封面和书籍插
绘就曾经流行一时。用藏书票来配上诗歌、
随笔、童谣、人物传记，也是一种创意，这
些新颖别致的出版物很受欢迎，往往在销
售之前就被读者预订一空。

现代诗人岩佐直人出生在日本东京，他
的诗集曾多次获奖，而著名版画家则是他的
另一个身份。岩佐擅长装饰画，曾为不少出
版物装帧和插画，1991 年他的铜版画藏书
票作品在斯洛伐克藏书票大赛中获得了大会
主席特别奖。作为诗人和版画家，岩佐直人
很自然地将藏书票和他的诗歌配合在一起创

图 3-3-12 　《山高登书票作
品集》（限量 88 本，共 36 枚，
1989 年吾八书房）
制作者：山高登

作，不少出版机构也非常乐意出版这种类型的藏书票集。1983 年日本书票协会出版了《博物幻想曲——岩佐直人书票集》，限量 49 本。1985 年吾八书房出版了铜版画藏书票诗画集《红铜的独白》（图 3-3-13），限量 50 本发行。

在众多藏书票诗画集中，兰繁之发行的《荞麦猪口》（限量 100 本，1993 年绿笛豆本之会）（图 3-3-14）藏书票集是很有意思的一册。兰繁之去京都拜访人间国宝河井宽次郎的时候，河井用一个荞麦猪口盛咖啡来招待他，给兰繁之留下了深刻的印象。荞麦猪口是日本人吃荞麦时盛酱料用的小碗，本来属于市井之物，却很有风味，现在不少已成为装在桐木盒里的高级贵重品了。喜欢荞麦猪口的兰繁之回来不久，就制作了 43 种木版画青花荞麦猪口藏书票，色彩淡雅清爽，虽然造型基本相同，但每枚纹样都不重复。兰繁之把这些藏书票汇集成册，还意犹未尽地又拉上高桥友凤子等一批文人为这些藏书票配上了俳句，一下子就把荞麦猪口主题的藏书票收集欣赏提到一个文学欣赏的高度。

图 3-3-13　藏书票诗画集《红铜的独白》
（限量 50 本，共 18 枚，1985 年吾八书房）
制作者：岩佐直人

图 3-3-14　藏书票集《荞麦猪口》
（限量 100 本，共 43 枚，1993 年
绿笛豆本之会发行）

　　藏书票虽原为藏书的标记，但制作精美的藏书票也常常会引起藏书家的莫名感慨，把这些感想、随笔和藏书票重新编排成册，就形成了随笔藏书票集。精神科医生金子元久出于兴趣，请版画家内藤八千代围绕金子自己的人生足迹创作了 7 枚铜版藏书票。这每一枚藏书票都唤醒了金子已经远逝的记忆，于是他对着这些藏书票写下了多篇回忆的文章，然后再把这些回忆文章和藏书票汇编成一本随笔藏书票集，并把它定名为《时间的观览车》（2002 年）（图 3-3-15）。这本布面半革装的藏书票集是请版画家粟田政裕作的整体装帧设计，封面使用的装饰布是直接从一匹日本传统的平更纱布上裁剪出来的，所以每一本的封面图案都不尽相同。受到藏书票原票的数量限制，发行量只有 30 本。

　　把藏书票当作绘本的配图，即使在绘本大国日本的出版界里也是一个亮点。铜版画家横田稔的《鹅妈妈童谣》藏书票绘本（图 3-3-16）是由吕古书房 1995 年出版发行的，一套上中下 3 卷，限量 70 本，一共收录了 90 首童谣，每一篇都配有一枚铜版藏书票，所以书里贴有 90 枚铜版藏书票，每一枚都由横田稔本人手工上色。

　　《鹅妈妈童谣》堪称世界上最早的儿歌集，目前仍在世界各地流传，

图 3-3-15 《时间的观览车》
（限量 30 本，2002 年）
票主：金子元久 制作者：内藤八千代

在日本也是必读的经典书籍。最初翻译《鹅妈妈童谣》的是著名画家竹久梦二，但诗人北原白秋的翻译版本流传得更为广泛。1921 年，北原翻译本正式出版，著名版画家恩地孝四郎担任插画和装帧。20 世纪 70 年代后，日本再次掀起鹅妈妈童谣的热潮，这本以铜版藏书票作为插画的版本不仅增添了日本鹅妈妈童谣的版本，也增加了藏书票插图本的新品种。《鹅妈妈童谣》藏书票绘本成功出版后，横田稔又连续出版了《银河铁道之夜》《马戏团归来》等藏书票绘本，吸引了不少绘本迷进入了对他们而言是全新的藏书票世界。

在众多怀念、纪念竹久梦二的作品中，以木版藏书票配上竹久的生平简介的藏书票集也是独树一帜的。竹久梦二被誉为"大正浪漫代言人"，是集插画师、设计师、诗人为一体的奇才。充满江户魅力的"梦二式美人"在《妇女俱乐部》《乐谱》等杂志刊登的登场后，引领了大正时期的流行时尚。1918 年，根据梦二的诗歌《宵待草》创作的歌曲更是风靡了全日本，不仅如此，梦二在书籍装帧、广告海报、日用品设计中都烙下了的独特印记。

竹久梦二那悲欢离合的人生至今依然让人梦萦魂绕，关于他的研究也是源源不断。1985 年，绿笛豆本会出版的《竹久梦二藏书票集》（限定

图 3-3-16　藏书票绘本《鹅妈妈童谣 3》

（限量 70 本，1995 年吕古书房 ）

制作者：横田稔

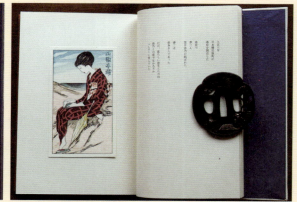

图 3-3-17　《竹久梦二藏书票集》

（ 1985 年绿笛豆本会发行，限定 100 本，共 17 枚）

制作者：兰繁之

100 本）（图 3-3-17）也是其中的一种。发行人兰繁之是梦二的超级粉丝，
他邀请了锦绘的雕版师和印刷师足足花费了两年多的时间，以竹久的代表
作品为图案制作了这套藏书票集。实际上，竹久梦二也绘制过几枚藏书票，
比如经典的《三味》《蘑菇》，甚至在他去世前还在自己的速写本上手绘

了一枚藏书票。这本藏书票集在编排上采用了双页的形式，左边贴着木版藏书票原票，右边的文字概述了梦二的生平简介，从而成为一本独特的竹久梦二的传记。

上述种种藏书票集都值得揣摩玩味，在藏书票日趋放大成为"小版画"的趋势中，日本藏书票界却以独特的藏书票集的形式让藏书票与书籍保持着亲密关系。而这样的流通形式，可以让一些爱书人更容易地接触到他们本来并不熟悉的藏书票，对藏书票的普及起到了一定的作用。

版画家的定期发行物

在日本，包括版画家在内的艺术家们往往会组织自己的粉丝俱乐部，定期发布信息和发行刊物。日本很多藏书票制作者本身也是著名的版画家，也都拥有不少粉丝。在自媒体还不发达的 20 世纪，粉丝俱乐部消息的发布主要依靠纸质印刷品，而版画家们在这方面就具有了得天独厚的条件，他们常常会在这些纸质印刷品里加上他们的版画作品。有些版画家就是通过这种形式来推广藏书票的，也有些版画家通过藏书票来推广他的版画作品，如横田稔的《草原手帖》、大野隆司的《风船之会》等。版画家们通过这种形式获得固定的会员费后，便可得以安心地创作。

北海道出身的版画家大内香峰在 20 世纪 90 年代发行过会员制刊物《槐》，刊物定期发布与粉丝交流，每期都会附件大内的版画、藏书票，有时候还有亲笔画的藏书票。每期只印 50 册，粉丝人群相对固定。

版画家纸屋清贵在 1987 年也组织发行过月刊《藏书票》（图 3-3-18），每

图 3-3-18　版画家纸屋清贵出版发行的月刊《藏书票》（20世纪 90 年代）

期刊登不同藏书票制作家的约 11 枚藏书票，封面和封底是纸屋清贵本人的木版藏书票，对会员内部发行，每期 30 册左右。参加制作的有版画家佐藤米次郎、冢越源七、大本靖、松见八百造、大野隆司、井野英二等。

在 20 世纪 80 年代日本泡沫经济快速发展时期，组织粉丝俱乐部，针对会员定期发行刊物是日本藏书票制作者经常采用的方式。这些定期发行物数量一般在 30~100 册，中间都贴有藏书票原票。由于都是针对会员发行的，所以很少在市场中流通。

名票主的私人藏书票集

除了上述以出版机构、藏书票制作者为主体策划的藏书票集，还有一种以票主为主体编辑成册的私人藏书票集。顾名思义，这类藏书票集就是票主汇集多位藏书票制作者为其定制的藏书票结集成册。大收藏家如坂本一敏，河野英一、锄柄守三等都出过多种藏书票集。坂本一敏在获得首届"志茂太郎奖"后，专门出了一本纪念集《新辑坂本书票集》（非卖品，

图 3-3-19 《新辑坂本书票集》
（限定 28 本，共 32 枚，1986 年）
票主：坂本一敏

图 3-3-19）。其中，收录了川上澄生、前川千帆、武井武雄、畦地梅太郎、初山滋等著名版画家制作的 32 枚藏书票，限量 28 本发行，每本封面都是请日本超现实主义画家古泽岩美亲手绘制的。

著名书票研究家英国人克里夫·帕菲特，出版有《黄金时期的西洋藏书票》《日本藏书票》等多部藏书票方面的著作。作为名票主，曾经遍请日本和西方的藏书票制作者为他定制了大量的藏书票。1980 年前后，帕菲特把这些藏书票汇集起来编了一系列藏书票集，并制作了日文版和英文版两种版本。这本题为 *The English Center*（图 3-3-20）的藏书票集是 1981 年出版的英文版藏书票集，书名不由让人联想他在山口县下关开办的一个英国教育活动中心。里面收录了 24 枚藏书票，制作者有柳田基、宫下登喜雄等。帕菲特酷爱日本文化，不仅喜欢日本的木版藏书票，还超级喜欢使用传统的日本和纸来制作书票和装帧藏书票集，做出来的藏书票集都美轮美奂，富有情趣。

不少票主有自己专注的特别主题，所以也有以某票主特定主题为主的藏书票集。1986 年，琉璃书房出版了以十二干支为主题的藏书票集《十二

图 3-3-20　藏书票集 *The English Center*
（限量 30 本，共 24 枚，1981 年）
票主：克里夫·帕菲特

支藏票》。收集了武井武雄、关野准一郎等12位版画家为票主佐藤隆司制作的12枚藏书票，限量发行20本。收藏家锄柄守三也出版过以昆虫为主题的藏书票集，完全是私人发行，只发行了6本。

日本收藏家、名票主请版画家制作了大量的藏书票之后，还乐意为他们再单独出版藏书票集。1988年，名票主河野英一出版了《如庵河野英一藏书票集》，收入了版画家金守世士夫为他制作的藏书票，限量30本。除此之外，河野还为宫本匡四郎、纸屋清贵、三轮映子等版画家出版过类似的藏书票集。1995年，今村秀太郎发行了一本由著名版画家宫本匡四郎制作的《河野英一藏书票集》（图3-3-21），这本纯手工制作的藏书票集发行量只有1本，弥足珍贵。

日本藏书家坂本一敏在米寿之年，将作家川上澄生为其制作的6枚藏书票编成一集，限定10本，赠送友人。版画家铃木准中去世后，家人选用

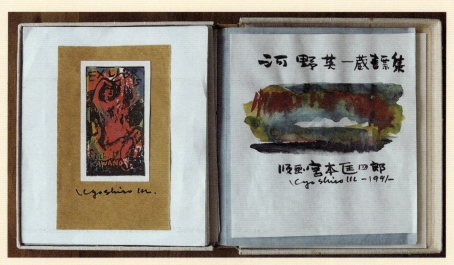

图3-3-21 《河野英一藏书票集》（1995年）
票主：河野英一
制作者：宫本匡四郎

其遗作，做了几套藏书票集以作纪念，而每套都限定 10 本。这些藏书票集当初都是非卖品，是票主或藏书票作家作为兴趣在同好间的赏玩，现在都成了藏书票爱好者垂涎的珍品。

书店的藏书票

　　日本一些书店也会定制自己的藏书票，用于和他们的主顾进行沟通。地处东京旧书店圣地神保町的书肆 HIYANE 在 1990 年店铺搬家的时候，请高桥辉雄、三井永一、松原邦光、松原秀子、原美明和大岛龙 6 位版画家制作了 10 枚藏书票，编辑成《木香往来藏书票集》（图 3-3-22），馈赠新老主顾。

　　比如笔者在森井书店购买旧书的时候，就得到了书店主人赠送的 2 枚

图 3-3-22　　《木香往来藏书票集》（1990 年）
票主：书肆 HIYANE

木版藏书票（图 3-3-23），他还特意在后面标注为他定制书票的版画家，让笔者得到了一份小小的惊喜。

　　日本传统的古书店往往会印制自己的标签贴在他们销售的旧书里，有的书店就把这种标签做成藏书票的形式，上面不仅有 Exlibris 的字样，同时也标有书店名称和销售价格。比如，笔者在古美术出版商宝云舍出版的《乐茶碗》（1947 年）的版权页上，发现了一枚藏书票（图 3-3-24）。上半部分是一枚完整的藏书票，下面印有"¥2300"的销售价。虽然这些并不属于版画作品，但也别有情趣，对藏书票爱好者来说也有一定的纪念价值。

　　这一类书票未必都是版画，但也不乏精致可爱的，有时去某家书店购书时就可以直接获得了。

图 3-3-23　鹿岛桅山和翁草
票主：森井书店
制作者：渡边正弥
（木版 5cm×7.8cm）

图 3-3-24　票主：SATSU ANNEX
制作者：不详（3.5cm×2cm）

4. 日本藏书票收藏的误区

制作者的签名和编号

物以稀为贵，大凡涉猎收藏领域，大家都希望收集到优秀且具有稀缺性的藏品，藏书票又怎样能显示其稀少珍贵的价值呢？一般来说，除了制作者是否多产等因素之外，藏书票本身的数量也是一个重要的指标。

不同于一般油画、水彩绘画的独幅作品，藏书票是被限量复制的版画作品，因此在藏书票画面的下方，会看到诸如印数、作者签名、制作年代、版式技法等标识，对藏书票的情况依次说明。如出现在画面左下角"12/80"，即表示了这枚藏书票一共印刷了 80 枚，此枚是第 12 枚。日本每种藏书票数量一般不超过 100 枚，从收藏角度看印刷数量控制在 20~50 枚以内的更佳。

标有 AP、EA 等缩写字样的藏书票，是指除去给票主的那部分，藏书票制作者为展览或存档之用而自留的书票。一般不用作出售，这些自留票一般会控制在总印数的 20% 以内。不过在日本早期的藏书票中，制作者往往很少留下这些标识。恐怕是因为藏书票属于个人的标识，本来就是"门外不出"的，所以这些信息票主自己知道就可以了，并没有必要在藏书票上显示。即便是用于交换，也属于风流清雅的兴趣爱好，并不把藏书票当作投资升值的商品，因而长期以来，日本的藏书票尤其是木版画藏书票几乎都没有这些标识。

所以很多的日本藏书票没有制作者的签名，如一张票上有制作者和票主同时签名的话，倒是有点奇怪需要去推敲一下的。藏书票上有无制作者签名并不影响对作品的欣赏，但如果知道藏书票的制作者，也有助于对藏书票的解读。因为署名的关系，笔者在早期收藏书票时也闹出一个小笑话。一次偶然机会得到一枚佛像藏书票（图3-4-1），在书票的作家签署处有李平凡的签名和印章。从资料上得知，李平凡早年留日师从川西英，也酷爱制作藏书票，同时在日本书票协会的通信资料上也有关于此票的记录，所以笔者想当然地认为这是李平凡制作的。然而在接触到李平凡的其他作

图3-4-1　票主：李平凡
制作者：杨忠义
（木版 11.5cm×9.2cm 1990 年）

品后，越发觉得这枚藏书票完全不是他的风格。带着疑问，笔者查找了不少资料后，终于了解到此票是中国著名版画家杨忠义制作的，而李平凡是票主。没有李平凡的签名，本来是不会把这枚藏书票当作他的作品来看的，但有了他的签名，结果给弄混乱了。

日本藏书票制作者的签名，与讲究趣味、妙味的日本藏书票如出一辙，也比较随意。比如版画巨匠栋方志功并不认同版画的编号和署名等规则，所以战前的作品几乎不署名。大约在1955年以后，栋方才开始在版画上署名，但也如他自由奔放的版画风格，经常随意更换。在日本，同一作者在不同时期有别样的签名，根据藏书票主题或画面的需要改变签名方式的情况也比较常见。比如版画家荻原英雄和金守世士夫至少有三种以上的署名方式，有直接签名、盖章等不同的落款。

与海外藏书票组织、制作家等交流逐渐频繁后，日本藏书票中的基本标识才陆续增加起来。其中，铜版藏书票中的标记较为规范，但每个作家习惯也不同。比如古泽岩美、城景都、户村茂树、阿丰斯·井上等制作者的藏书票作品既有署名也有印数等标记，而浜西胜则、宫下登喜雄、蒲田清尔等制作者的藏书票中只有作家署名，无印刷或技法的标注。

由日本书店、出版社如吾八书房等单位策划的藏书票集，或是版画家发行藏书票插画集，在书籍的版权页或前言等处一定会注明发行的相关信息，以及本册的番号，标明其发行的数量。

尺寸与技法的误区

现在较为流行的观点认为，铜版技法相对复杂，且铜版、石版的材质成本比较高，而木版、孔版、丝网的制作成本相对低，所以相应的木版、孔版、丝网藏书票定价更便宜，收藏价值也更低一点。甚至以藏书票画面尺寸大小来衡量价值，尺寸大的价值就更高一些。这些观点显然是不够合理的，好比拿中国的水墨画和欧洲的油画比较，总不能用"水墨颜料与油画颜料、宣纸和油画布、油画框"
之间的成本来比较作品价值吧。
因而，简单以藏书票的技法、尺
寸去衡量一枚藏书票作品的价值，
显然是值得商榷的。

从实用性来看，藏书票以合
适书籍大小为宜。日本木版藏书
票尺寸都不大，但是制作过程与
大型木版画一样，并不简单。因
为一枚小小的藏书票需要雕刻好
几个版，再根据不同的颜色分别
印刷。比如，山高登为了追求中
间色调的细腻，往往需要12种颜
色以上的多色印刷。平塚昭夫的
丰富多变的合羽版藏书票，有时
需要多达几十个版次。

三井永一曾经为大收藏家锄
柄守三制作了一枚木版藏书票（图
3-4-2），描绘的是明治时期城
郭外的街道风景。虽然人物的着
装仍是江户时期的风格，但画面
上的人力车和路灯则透露出文明
开化的特征。这枚藏书票共有9
种颜色，但这套版木却只用了4
块木板雕刻了7个版（图3-4-3）。
其中，有3块木板是正反两面雕
刻的，有2个版是双色的。这种

图 3-4-2　从江户到东京
票主：锄柄守三
制作者：三井永一
（木版 11.5cm×7.5cm 1971 年）

图 3-4-3　《从江户到东京》的版木 4 枚

"节省"的制作方法恐怕也只有画、刻、印三者合一制作时才会想到的吧。不过倒也可以说明这是三井自画自刻自印的作品。三井的藏书票线条轻快，色彩鲜明，时代特征明确，让人仿佛看到的是一幅幅现代版的浮世绘版画。

从这枚藏书票的版木，我们可以窥视到日本木版藏书票制作的内部世界。也可以理解为什么在浮世绘时代，不仅绘画、雕刻分工作业，最后的印刷也需要专门的匠人来操作的道理，这也侧面证明了原先分工作业的版画制作现在由一个制作者来完成是一件多么辛苦的事。

实际上，影响藏书票价值的因素有很多，比如作品数量、版画家、票主、主题、技法等，但主要还是归纳到藏书票的艺术欣赏价值或者历史文献价值。

通用藏书票的收藏价值

在欧洲不少书店都可以看到一些印刷精美的藏书票出售。这类藏书票上也配有精美的图案和Exlibris的标志，且会留下空白处让购买者自己填写信息。当购买者在填写上自己的名字后，就成为一枚实用的藏书票了。这就是预制的通用藏书票。在源远流长的西方藏书票的世界里，这种通用藏书票是可以经常看到的。

20世纪20年代起，日本丸善日本桥店就开始进口海外的通用藏书票了，日本现在也有专门制作通用藏书票的工作室，但相比欧美市场，数量

图3-4-4　通用藏书票

并不多。早年有些出版社在出版图书时，会在书籍里附上一枚通用藏书票一起出售，以此来提升图书的价值，促进图书的销售。2003年，岩波书店策划了一次"读者评选岩波文库"的活动。为了推动这套创立于1927年，深受日本国民喜爱的丛书销售，岩波书店印制了一套通用藏书票（图3-4-4）赠给参加评选的读者，以此来鼓励踊跃参加评选的读者。

通用藏书票价格比较低廉，通常数百日元就能购买数十枚，初入门者轻轻松松就可以成为票主。但是这类藏书票是机器印刷的，不同于版画藏书票的限量印刷，其印刷数量相对较多，所以收藏价值应该不是很大。

原票与复刻品

在收藏日本藏书票时，会不会遇到赝品呢？一般来说是不会碰到赝品的，因为很少有人炒作藏书票。但在日本，藏书票却有原票和复刻品的分别。

由于历史的原因，原来的物品现在难以寻觅，但是喜爱的人却梦寐以求。为了满足这样的需求，日本的一些机构会根据原物进行复制。这样的复制会在外形和材料方面尽可能地接近原物，从而最大限度地展现原物的风采。日本把这样的复制称为复刻，在经典著作、绘画作品以及动漫手办等人气物品方面经常出现，一般也是限量发行。由于战前的日本藏书票非常少见，所以就有人复制了那些稀有的藏书票，供大家观摩欣赏。这就有了藏书票的原票和复刻品之分。

竹久梦二在 1915 年出版的诗画集《三味线草》中画了 7 幅插画，其中 1 幅插画上有 Exlibris 的藏书票标记（图 4-4）。实际上，这和夏目漱石的《漾虚集》中那枚藏书票一样，是一幅印刷在书中的插图。不过，斋藤昌三承认这是一枚藏书票，并在《爱书趣味》（1926 年）的封面上贴了这枚藏书票。他在编著《日本之古藏票》时，再次收入了这枚藏书票（图 3-4-5）。后来，青灯社的《BOOK PLATE SIN JAPAN（日本藏书票）》（1951 年）和兰繁之的《名作藏书票集》也收录了这枚藏书票（图 3-4-6）。笔者把这几枚藏书票并列在一起作了比较，明显感觉到在造型和颜色上的差异。《三味线草》是一版，而《爱书趣味》《日本之古藏票》和《BOOK PLATE SIN JAPAN（日本藏书票）》是同一版，《名作藏书票集》又是另一版。

作为插画师，竹久并不涉及雕版和印刷，他的版画作品都是请职业雕版师和印刷师制作的，这枚藏书票也是如此。其实，早期在斋藤昌三他们

图 3-4-5　自著《三味线草》（1915 年）所收
（木版　6.4cm×6.8cm）

图 3-4-6　《日本之古藏票》（1946 年）所收

图 3-4-7　《名作藏书票集》（1961 年）所收
兰繁之复刻

普及藏书票活动之初，藏书票的制作也都是采用日本传统版画的原画师、雕版师、印刷师三者分工合作的方法制作的。也就是说，竹久梦二只是这枚藏书票图案的设计者、原画师，他的藏书票都是请雕版师和印刷师来制作的。从这个角度来看，《三味线草》以及《爱书趣味》《日本之古藏票》《BOOK PLATE SIN JAPAN（日本藏书票）》里的藏书票都可以说是原票。而《名作藏书票集》里的是复刻品，这是因为兰繁之已经明确说明过了。

但是，对现代的创作版画家的作品就不能采用对竹久梦二那样的标准了，因为现代的版画家基本上都是画、刻、印等工序都是一个人完成的，如果缺少一道工序，严格来说，就不算原票了。比如现在一票难求的栋方志功的藏书票，就应该是由他个人完成所有工序的藏书票。栋方所处的时代正是日本提倡创作版画运动，强调"自绘自刻自拓"的时代，所以只有栋方本人作画、雕版和印刷的藏书票才能称为栋方志功的原票。

斋藤昌三编著的《日本好色藏票史》里贴有一枚栋方志功的藏书票（图3-4-8），成为这本书的亮点之一。虽然在日本书票协会编辑的出版物中，这枚藏书票也被认定为栋方志功的原票，不过据日本藏书票爱好者的考证，那应该一枚复刻作品。因为，这枚藏书票的用纸和上色方法并不是栋方惯用的。栋方的版画通常是在纸背上色的，但这枚藏书票用纸比较厚，无法从背面上色，只能在表面上色，显然不是志功的版画技法。所以这枚藏书票应该是斋藤昌三在出版时请人另外雕版印刷的，虽然采用了栋方志功的原画，但也不能称为栋方志功的原票。作为日本藏书票界的经典著作的《日本好色藏票史》所附的各种藏书票，都是非常重要的资料，所以栋方志功的这枚藏书票虽然不是原票，但也具有很高的历史价值。

图 3-4-8 《日本好色藏票史》（1949 年）所收栋方志功的藏书票（木版 6.4cm×6.8cm）

在日本，版画家复刻藏书票主要是为了能让藏书票爱好者能够看到一些珍稀藏书票，复刻的对象不仅有日本的，也有中国以及其他国家的藏书票。青森县的兰繁之曾经复制了不少日本早期的藏书票，并汇编成集对外发行。比如"名作藏书票集"系列、"好色藏书票"系列等，这些复刻藏书票都是按原票比例重新刻板印刷的版画作品。"名作藏书票集"系列一共发行量了 10 集，复刻了竹久梦二、栋方志功、中田一男、牛田鸡村、恩地孝四郎等早期名家的藏书票作品，每集限量 30 本，编号发行。"好色藏书票"也发行了 9 集，每集收入 10 枚以情色为主题的藏书票，每集限量 50 本，编号发行。虽然这些都是兰繁之策划的复刻品，但其本身也是版画作品，且发行量非常有限，也是值得收藏的藏书票作品。

同为青森县的藏书票界人瑞佐藤米次郎也复刻过好几套日本和其他国家的藏书票集。不过，佐藤复刻的藏书票并不按原票同比例复刻，而是采用缩小比例进行复刻的。在青森豆本别册系列中的《藏书票集 2——中国篇》（1961 年限量发行 100 本）中，复刻了中国版画先驱陈中网、赖少其、唐英伟、李桦（图 3-4-9）的 10 枚藏书票作品。如今，在中国也很难看到这些藏书票原票，所以即使是复刻品也有其重要的价值。佐藤米次郎在前言中特别提到了和唐英伟、李桦等中国版画家之间的友谊，以及对唐英伟寄赠的《藏书票集》之珍爱，读来让人倍感亲切。

无论是作为研究用的复刻品，还是推广普及之用的复刻品，通常复刻者都会在出版时有所说明。反之，如果没有说明，则可以视为赝品。

藏书票的价值判断

凡是有人的地方就有江湖，自从藏书票被当作小版画成为收藏品之后，藏书票就具有了市场价值，这是毋庸讳言的。日前，加拿大国立图书馆在收购的图书中发现了一枚纳粹德国元首希特勒的藏书票，从猎奇的角度来看，这枚藏书票价值不菲。只是这枚藏书票的历史价值恐怕要远远高于它

图 3-4-9 　《藏书票集 2——中国篇》(1961 年）所收
原制作者：李桦
复刻者：佐藤米次郎

的艺术价值。然而，一味地追求藏书票的市场价值，把藏书票当作投机商品，就会让我们的藏书票收藏乐趣失去一大半。

方寸之间有天地，每一枚藏书票都有着各自的故事。一枚有价值的藏书票往往有着更为丰富的内涵，从中可以读到不同国家之间的文化差异，或者一个国家某段时期的风尚变革。一枚贴在书籍上的藏书票，或许还能挖掘出藏书票制作者和书票主人的一段精彩人生故事。能遇到名作家名票主的藏书票是幸运，如能运用我们的审美眼去发现普通的藏书票中的美也是一种境界。

综合审美、时代特征、人文内涵、年代、数量等要素，从艺术性、独特性、稀缺性等多维度去衡量，总之，能让你获得艺术享受和精神愉悦的藏书票，可以说都是值得拥有的珍品。无可厚非的是，每个藏书票爱好者都希望拥有自己喜欢并具有收藏性质的藏书票，笔者也是如此。不过，对笔者来说，欣赏性也就是藏书票的艺术性是首先要考虑的因素。

从自己的兴趣出发，无论是从主题出发，还是从版画家入手，都有可能邂逅心仪的藏书票。只要具有了自己的审美眼，肯定能发现对收藏者来说是具有收藏价值的藏书票的。

《蔵書票の話》 齋藤昌三，1929 年 8 月，文藝市場社

《日本之古蔵票》 齋藤昌三，1946 年 9 月，書物展望社

《日本好色蔵票史》 齋藤昌三，1947 年 5 月，青園荘

《現代日本の書票》 日本書票協会編，1978 年 10 月，文化出版局

《日本の書票》 日本書票協会編，1979 年 5 月，文化出版局

《季刊銀花》第五十号，文化出版局，1982 年

《図説「書票の世界」》 1985 年 5 月，土筆館

《蔵書票之美》 樋田直人 1986 年 3 月，小学館

《現代「書票」情報事典》 内田市五郎・中井昇編，土筆館，1989 年 9 月

《書票を楽しむ―紙の宝石》土屋文男，1992 年

《月刊美術》 No.238，株式会社サン・アート，1995 年 7 月号

《続・現代日本の書票》 1995 年 11 月，日本書票協会

《黄金期の西洋蔵書票》 クリフ・パーフィット，日本古書通信社 1996 年 10 月

《書物愛―蔵書票の世界》日本書票協会編著，平凡社新書，2002 年 1 月

《蔵書票 志茂太郎からタラゴナへ》内田市五郎，勉誠出版，2014 年 8 月

　　第一次接触藏书票，还是在 20 世纪 80 年代。父亲从书展上带回了几枚杨可杨的藏书票，但那时候浑然不知藏书票是什么，也没有当回事。直到最近，在家里翻看旧书，这几张藏书票又冒了出来，让对藏书票有了一些知识的笔者感到非常高兴。

　　对藏书票开始有所认识，还是来日本以后的事。

　　来日本不久，在家附近的旧书店买到一本旧书，里面贴了一枚版画小纸片。尽管当时对藏书票几乎没有概念，但这枚小纸片却深深地吸引了笔者。突然想起来，数十年前在徐悲鸿美术院上装帧设计课时，著名书籍装帧艺术家张守义先生在讲解西方书籍文化时，曾经提到过藏书票，还放了几张幻灯片给我们看。不过，那个时候，藏书票并没有给笔者留下深刻的印象，也许是没有看到实物的缘故吧。

　　有趣的是，自从遇到这本贴有藏书票的书籍后，藏书票也好、贴有藏书票的书籍也好，仿佛是得到了谁的命令一样，时常跑进笔者的视线里来。特别是面对贴有木版藏书票的限定本、特装本、藏书票集，笔者几乎没有任何抵抗之力，只能照单全收，有时也分不清是在买书还是在买藏书票。阅读这些书是最好的收藏形式，但是真正要去阅读，还是非常吃力的。笔者边学日语边读这些书，有时即使借助词典也有不能完全读懂的地方，好在优秀的藏书票、精美的装帧可以打消读书的枯燥，让阅读变得更为有趣。

时间在这些美好的阅读中流失得很快，不知不觉，笔者收集到的日本藏书票数量也非常可观了。

引人入胜的藏书票不仅让笔者去查阅了很多关于藏书票以及票主的资料，也促使笔者对日本的艺术发展史做了进一步的探究。而在这个过程中，也加深了笔者对日本文化的了解，心得体会也越来越多。笔者的先生黄亚南鼓励笔者把这些心得写下来，不要浪费自己的努力和这得天独厚的条件，但曾经做过编辑的笔者还是担心极为小众的藏书票可能缺乏足够的读者。但本书责任编辑张婷认为从日本文化和日本艺术的角度来看，日本藏书票文化还是值得向读者介绍的。正是他们的鼓励和支持，才让笔者得以完成这本书稿。

在写稿时，正值新冠疫情暴发高峰期，世界处于不安与恐慌中，我很担心远在上海的父母和亲人。妹妹从上海给笔者寄来防疫用的口罩，也寄来了她们的慰问。因为疫情而放假在家的儿子允光也来和笔者一起整理这些有趣的藏书票，让笔者欣慰不已。可惜，在书稿最后阶段，从小养育我的亲爱的奶奶离开了我们。原本想在奶奶 97 岁大寿时给她老人家一个惊喜的愿望落空了。然而，悲痛成为更大的动力，让笔者再次静下心来继续改稿。

把美好的感受写出来和大家分享交流，原来是笔者写本书的初衷，现在也成为写作的动力了。

2020 年 7 月 23 日（修改）